저자 김 규 현

동국대학교 연극영화과를 졸업 후 서울대 대학원 공연예술학과에서 특별전형으로 공부를 했으며, 스피치 경력은 현재 SNA연기스피치 대표 강사로 소상공인 스타강사와 더불어 금융위원회, 현대백화점, 외국계기업 등 500회 이상의 강연 경험과 대기업, 공무원, 은행 임원 스피치 지도, 영어스피치 대회 및 스피치 대회 100여 명 입상 지도경험 그리고 머니투데이와 RTN에서 방송을 진행하고 있다.

또 배우로서는 상업영화에서 04년도에 "바람의 파이터" 야쿠자(조단역), 15년도에는 영화 " 학교반란" 오 형사(조연), 내부자들, 그리고 드라마 등에서 다양한 역할을 했고, 연극은 " 장엄한 예식", "사천의 착한여자", " 시련", " 벚꽃동산" 등 20여 편에서 주, 조연 역할을 맡았으며 현재도 배우로서 왕성한 활동을 하고 있다.

주요 저서로는 "연기스피치 시리즈"와 " 감성스피치"가 있다. 그중, 대화법 -『마음을 움직이는 대화법』, 『영리한 대화법』, 『감정표현을 통한 처세법』이 있고, 발표법 -『실전 목소리훈련』, 『실전 면접』, 『실전 스피치』, 『실전 프레젠테이션』이 있으며, 연기 -『남자 실전연기』, 『여자 실전연기』가 있다.

SNA연기스피치

홈페이지	www.esna.co.kr
이메일	kkhyun1004@hanmail.net
블로그	http://blog.naver.com/cello4225
페이스북	https://www.facebook.com/sna4225
인스타그램	https://www.instagram.com/kim_kyou_hyun/

감정표현의 기술

초판인쇄	2019년 10월 31일
초판발행	2019년 10월 31일
저 자	김규현
펴 낸 곳	지오북스
주 소	서울 중구 퇴계로 213 일흥빌딩 408호
등 록	2016년 3월 7일 제395-2016-000014호
전 화	02)381-0706	팩스 02)371-0706
이 메 일	emotion-books@naver.com
홈페이지	www.geobooks.co.kr

ISBN 979-11-87541-64-6
값 15,000원

이 도서의 국립중앙도서관 출판예정도서목록(CIP)은 서지정보유통지원시스템 홈페이지(http://seoji.nl.go.kr)와 국가자료공동목록시스템(http://www.nl.go.kr/kolisnet)에서 이용하실 수 있습니다. (CIP제어번호 : CIP2019036727)

이 책은 저작권법으로 보호받는 저작물입니다.
이 책의 내용을 전부 또는 일부를 무단으로 전재하거나 복제할 수 없습니다.
파본이나 잘못된 책은 바꿔드립니다.

머리말

감정을 잘 다루는 사람이 감정처세와 치유에도 능하다.

우리는 살면서 수많은 사람을 만난다.
편안한 사람만 만나면 정말 좋겠지만, 그럴 수 없는 경우도 많다.
즉 때로는 불편한 사람도 만나야 하고 원치 않은 인간관계도 맺어야 한다.
가족, 직장생활, 모임, 지인과의 만남, 낯선 이와의 만남 등 우리는 수많은 사람들과 관계를 맺고 다양한 상황에 놓이게 된다.
그런데 우리는 감정표현에 있어 어색하게 느끼고 불편함을 느낄 때가 많다. 왜 그런 것일까?
감정이라는 것이 우리의 의지와 상관없이 얼굴에 표정으로 드러나고 상대방에게 나의 진짜 속마음을 들키기 때문에 두려운 것이다.
따라서 사람들 앞에서 때로는 포커페이스를 유지하고 때로는 상황에 맞게 감정을 드러내는 사람이 처세에도 능할 수밖에 없다.

가령, 직장생활을 예로 들어보자.

직장상사가 나를 불러서 "왜 보고서를 이렇게 썼어?"라고 혼을 낸다. 난 나름대로 최선을 다해서 양식대로 썼는데, 억울함과 서운한 감정이 밀려온다. 얼굴은 빨개지고 호흡이 거칠어진다. 숨기고 싶은데 표정과 안색은 숨길 수가 없다.

반대로 기분이 안 좋은 상태인데 웃어야 할 때도 있다. "00씨, 오늘 기분 안 좋아?"라고 지인이 묻는데 웃어야 하는데 웃음이 나오지 않아서 난감한 경우이다.
　인간관계에서는 다양한 말이 오가고 경우에 따라 감정을 숨겨야 할 때도 감정을 표현해야 할 때도 있다.
　그럴 때마다 감정표현을 제대로 하지 못한다면 인간관계와 처세에 있어 손해를 볼 수밖에 없다.
　그렇기 때문에 감정을 조절하는 방법을 제대로 알고 표현하는 것이 인간관계와 소통이 중요한 현대사회일수록 더욱 요구되는 것이다.

또한, 우리는 감정 스트레스로 인해 고민하고 있다. 상처가 나면 연고를 바르듯이 우리의 마음도 상처받은 감정을 치유해야 한다. 그렇지 않으면 마음의 병이 생기기 마련이고 그 병은 치유하지 않으면 더욱 커져서 우울증이나 자율신경 실조증과 같은 심각한 병세를 키우게 된다.

따라서 감정을 제대로 파악하고 조절하게 되면 누구나 인간관계와 처세에서 주도적인 상황, 행복한 관계 그리고 상처받은 감정에 대해 치유를 할 수 있다.

이 책은 바로 그러한 다양한 상황에 맞는 감정표현을 가지고 처세와 대인관계에 있어서 적용하는 법에 대해 말해주고 있다.

이 책을 제대로 읽고 활용한다면 누구나 감정표현 처세와 치유에 있어 현명하게 대처할 수 있는 방법을 배울 수 있다고 자신 있게 말할 수 있다.

- 2019년 가을. 김규현 -

CONTENTS

머리말 • 1

Chapter 1
감정이란? • 7

감정이란 무엇인가? / 감정이 생길 때 / 왜 감정은 수동적인가? / 감정이 복합적인 이유 / 감정은 조절이다. / 감정표현의 중요성 / 감정을 숨길 때 / 감정을 드러낼 때 / 가짜 감정과 진짜 감정 / 감정을 훈련해야 하는 이유

Chapter 2
자율 신경과 감정 • 29

감정은 자율신경과 밀접한 연관이 있다. / 항상성이 감정에 미치는 영향 / 긴장과 이완 / 긴장과 감정의 관계 / 이완과 감정의 관계 / 자율신경과 감정의 상관관계

Chapter 3
상황과 감정　　　　　　　　● 43

상황과 감정 / 기쁠 때 / 화가 날 때 / 슬플 때 / 편안할 때 / 우울할 때 / 미안할 때 / 고마울 때 / 그리울 때 / 긴장할 때

Chapter 4
감정표현 기초　　　　　　　● 61

호흡과 감정 / 들숨의 감정 / 날숨의 감정 / 감정표현 기초훈련

Chapter 5
감정표현 훈련　　　　　　　● 81

대사를 통한 감정표현 / 남자 연극대사 / 남자 영화대사 / 여자 연극대사 / 여자 영화대사

Chapter 6
비언어적 표현　　　　　　　● 117

비언어적 표현이란? / 거리적 표현 / 시선이 주는 효과 / 생생한 화법 / 생동감 있는 제스처

Chapter 7

들숨을 활용한 감정처세법   • 137

들숨을 통한 감정표현 / 감사할 때 / 맞장구 칠 때 / 억지로 미소를 지어야 할 때 / 거짓말을 해야 할 때

Chapter 8

날숨을 활용한 감정처세법   • 149

날숨을 통한 감정표현 / 미안할 때 / 위로할 때 / 화를 참아야 할 때 / 기쁜 감정을 숨겨야 할 때

Chapter 9

다양한 상황의 감정처세법   • 167

긴장할 때 / 서두를 때 / 갈팡질팡할 때 / 상대방이 흥분할 때 / 싫은 사람과 있을 때 / 감정을 다스리는 방법 / 감정을 치유하는 방법

EMOTION

Chapter 1
감정이란?

감정이란?

감정이란 무엇인가?

> Emotion : 일종의 운동(motion)으로,
> 밖으로(e-, out) 향하는 운동의 의미

감정의 사전적 의미는 '내면에서 밖으로 향하는 운동'을 얘기한다. 즉, 어떤 자극에 의해서 밖으로 분출하는 내적인 운동을 얘기한다.

고대 그리스의 철학자 아리스토텔레스는 이성을 상징하는 로고스와 반대되는 개념으로 파토스의 개념을 말했다. 여기서 파토스는 정념·충동·정열 등으로 번역되며 로고스와 상대되는 말이다. 고대 그리스어 paschein(받다)에서 파생된 말로 근본적인 뜻은 '받은 상태'이다. 그러므로 광의로는 어떤 사물이 '받은 변화상태'를 의미하고, 협의로는 특별히 '인간의 마음이 받은 상태'를 의미한다. 수동성·가변성이 내포되며 그때그때 내외의 상황에 따라 인간의 마음이 받는 기분·정서를 총괄하여 표현한 말이다. - 참조(두산백과)

우리는 감정에 대해서 매우 어렵게 생각하고 규정하기도 까다롭고 또한 주관적이면서도 추상적인 의미로써 받아들인다. 우리가 얘기하는 감정은 보통 희로애락이라고 정의한다. 그리고 희로애락에서 파생되는 감정은 행복, 기쁨, 즐거움 등의 긍정적인 감정도 있고, 화, 우울함, 짜증 등의 부정적인 감정도 있다.

가정, 직장 등 우리가 사람과 직면하는 모든 곳에서 중요한 요소 중 하나는 바로 감정을 절제할 때와 감정을 표현할 때를 알고 상황에 맞는 감정표현을 하는 것이다. 반대로 감정을 표현해야 할 때도 있다. 상대가 감정적으로 나올 때는 처음엔 차분하게 얘기하지만 그럼에도 상대가 감정적으로 나올 때는 단호하게 얘기할 줄도 알아야 한다. 즉, 감정은 우리가 얘기하는 '안에서 밖으로의 내적 표현' 외에도 처세와 대인관계 등 다양한 의미에서 많은 것을 내포하고 있다.

이성은 조절이 가능하다. 즉, 판단과 인지에 따라서 통제가 가능하다. 하지만 추상적이면서도 개인적인 바로 이 '감정'이라는 표현은 조절이 어렵다. 그래서 우리는 감정을 표현하는 것도 숨기는 것에도 많은 어려움을 겪는다. 바로 감정이 생기는 의미와 표현에 대해 정확히 모르기 때문에 어려움을 겪는 것이다. 따라서 우리는 현대사회에서 감정에 대해서 깊이 생각하고 고찰하고 정확히 파악해야 한다. 그래야 이성처럼 감정을 조절할 수 있기 때문이다.

감정이 생길 때

길을 가다가 무언가 발에 밟힌다. 그것을 느끼니 '긴장'이 된다. 그것이 무엇인지 본다. 그리고 자세히 확인한다. 돈이다. 돈을 발견하니 긴장이 흥분상태로 되며 '당황'한다. 그리고 그 흥분은 기분 좋은 흥분인 '기쁨'으로 바뀐다.

> 길을 간다. → 무언가 발에 밟힌다. → 느낀다.
> 긴장 → 본다. → 확인한다. 돈을 발견 → 당황 → 기쁨

여기서 우리는 긴장, 당황, 기쁨을 감정이라고 얘기한다. 먼저 긴장을 살펴보자. 그러려면 긴장이 생기기 전에 과정을 생각해보자. 길을 가다가 무언가 발에 밟히고 느낀다. 발에 밟히고 무언가 느낄 때 그 촉감은 감각신경을 통해 의식적인 반응인 뇌로 이어질 수도 있고 무의식적인 반응인 척수로 이어질 수도 있다.

그렇다면 '당황'은 어떻게 생기는 것일까? 다시 한 번 돈을 발견할 때의 상황을 생각해보자. 무언가 발에 밟혔을 때 우리 몸은 자신을 보호하기 위해 긴장을 한다. 그리고 조심스럽게 긴장된 상태에서 보고 확인을 한다. 이때 돈이라는 것을 보고 당황한다. '왜 여기 돈이 있지?'라는 인지와 더불어 나오는 반응이 바로 '당황'인 것이다.

'기쁨'은 어떻게 발생할까? 기쁨은 당황이라는 감정에 인지를 거친 과정이라 할 수 있다. 인지는 뇌의 추리와 판단을 포함한 과정을 얘기한다. 즉, 돈을 발견한 순간 즉각적인 반응 때문에 당황이라는 감정이 생긴 거라면 '기쁨'은 뇌에서의 기억 예를 들어, '돈이 생기면 좋다.'라는 경험적 기억 때문에 생기는 감정이라 할 수 있다.

이처럼 감정은 자극에 의한 반응에서 생긴다. 그리고 그 반응은 지각과 인지의 과정에서 생기는 감정이다. 그렇기 때문에 감정을 추상적으로 생각하는 것보다 과학적이고 구체적으로 생각하는 것이 보다 감정을 파악하고 통제하는 데 있어서 효율적이라 할 수 있다.

왜 감정은 수동적인가?

'감정은 주체적으로 표현한다는 의미보다는 느껴진다.'라는 수동적인 의미가 포함되어 있다. 예를 들어, 지하철을 타다가 어떤 사람이 발을 밟았을 때 우리는 소리를 지르며 순간 욱하고 화를 낸다. 정확히 표현하면 화를 내는 것이 아니라 화가 느껴진 후 소리를 지르는 과정을 거치게 된다. 즉, 감정은 능동적으로 표현하는 것이 아니라 어떤 행동 후에 느껴지는 무언가라는 것이다.

그렇다면 왜 감정은 수동적인가? 그렇기 위해서 우리는 '지각'에 대한 것부터 알아야 한다.

'지각'이란 사전적 의미로 감각기관을 통해서 외부 대상의 성질, 형태, 관계 등을 의식하는 작용이다.

> 알아서 깨달음 또는 그 능력 ②감각기관을 통하여 외계의 대상의 성질
> ·형태 ·관계 따위를 의식하는 작용 및 그 작용)에 의해 얻어지는.

예를 들어, 돈을 발견하는 과정을 구체적으로 생각해보자. 길을 가다가 무언가 발에 밟히는 것을 인식하고 느낀다. '이게 뭐지?'라는 긴장감에 밟힌 물건을 쳐다본다. 그리고 무엇인지 다시 확인한다. '어 돈이네?'라고 생각하면서 당황한다. 그런데 그 당황하는 감정은 다시 '와. 돈이잖아.'라는 인식과 더불어 기쁨으로 바뀐다.

> 길을간다. → 무언가 발에 밟힌다. → 느낀다.
> 긴장 → 본다. → 확인한다. → 돈을 발견 → 당황 → 기쁨

여기에서 핵심은 감정이 나타날 때는 지각의 과정 후라는 것이다. 즉, 지각의 과정 후에 나타나는 반응을 우리는 '감정'이라고 얘기하는 것이다. 그렇기 때문에 감정은 선행적이 아니라 후행적이라는 것이다. 그래서 감정은 조절이 어렵다는 결론이 나온다. 즉, 미리 상황을 예측하거나 인지한다면 조절할 수 있겠지만 감정은 지각을 통해 나온 반응이기 때문에 예측을 할 수 없을뿐더러 즉각적으로 나올 수밖에 없다.

여기서 바로 감정조절이 어려울 수밖에 없는 이유가 설명된다. '희로애락'에서 파생되는 108가지의 감정은 지각 후에 나온 반응을 추상적으로 규정한 의미이다. 즉, 감정을 구체적으로 규정하기가 어렵다는 의미이다. 그래서 추상적인 감정의 규정에 몰두하기보다는 자극을 통해 나온 지각의 반응에 더 집중해야 할 필요가 있다. 그것이 더 과학적이고 구체적이기 때문이다.

감정이 복합적인 이유

그렇다면 왜 감정은 단순하지 않고 복합적일까? 이별 장면을 예를 들어보자. 이별 장면 즉, 좋아하던 이성과 헤어지려고 할 때이다. 그런 상황과 마주할 때는 대개 눈물이 고이기 시작한다. 이 감정을 우리는 '슬픔'이라고 한다. 그런데 눈물이 나기 시작할 때 슬픔을 참으면서 억지로 웃으려고 노력하기도 한다. 그러면 진정하려는 노력을 통해 '웃음'을 찾게 되지만 다시 '앞으로는 보지 못하겠지.'라는 생각과 함께 '우울함'으로 바뀐다.

감정은 이처럼 단순하지 않고 복합적인 과정을 거친다. 그래서 감정을 제대로 파악하려면 우리는 지각과 함께 '인지'라는 것의 의미를 파악해야 한다.

지각은 수용적인 의미라면 인지는 능동적인 의미이다. 사전적 의미로 인지는 '자극을 받아들이고 저장하고 찾아가는 일련의 정신과정'이라고 규정되어 있다.

> 자극을 받아들이고, 저장하고, 인출하는 일련의 정신 과정. 지각, 기억, 상상, 개념, 판단, 추리를 포함하여 무엇을 안다는 것을 나타내는 포괄적인 용어

예를 들어, 우리가 길을 가다가 무언가 발에 밟혀 순간 긴장을 느끼고 보니 돈이라는 것을 알고 당황하고 그 당황이 기쁨이라는 감정으로 바뀌는 과정을 지각이라고 한다고 지각의 과적을 이미 설명했다. 그런데 인지는 지각과정에 판단과 추리가 더해지는 과정이다. 즉, 돈을 발견하고 기쁨을 느낀 후에 생각하고 주위를 둘러보며 아무도 없다는 것을 알고 주머니에 돈을 넣은 과정은 바로 추리와 판단에 해당하는 인지의 과정이라는 것이다.

> 길을 간다. → 무언가 발에 밟힌다. → 느낀다.
> 긴장 → 본다. → 확인한다. → 돈을 발견
> 당황 → 기쁨 → 주위를 둘러본다. → 확인 →
> 주머니에 돈을 넣는다. → 간다.

인지는 지각이라는 반응에 생각과 추리가 더해지는 과정이다. 즉, 지각이 자극에 대한 반응의 감정에 대한 과정이라면 인지는 감정에 생각이 더해지는 과정이다. 우리가 흔히 감정이라는 것은 지각과 인지가 복잡하게 섞여 있는 과정을 얘기한다. 예컨대, 지갑을 발견하는 과정에서 지갑이라는 것을 지각하고 기쁨을 느끼는 것이 1차적인 감정이라면 눈치를 보고 기쁨을 자제하는 것은 인지 과정이 들어간 2차적인 감정이라 할 수 있다.

고통을 느낄 때도 마찬가지이다. 길을 가다가 돌부리에 걸려서 넘어졌다고 가정해보자. 무릎이 바닥에 부딪혀서 멍이 들었다. 그것을 지각하고 통증을 느낀다. '너무 아파.'라는 말과 함께 눈물이 난다. 여기서 눈물은 통증을 완화하기 위한 신체의 항상성의 역할이다. 그리고는 주위를 살핀다. 사람이 지나가는 것을 느끼고 아픔을 자제하며 아무렇지 않은 듯이 걷는다. 통증을 느끼는 과정이 지각과정 즉, 1차적인 감정이고 사람이 지나가는 것을 보고 감정을 추슬러야겠다고 판단하는 것이 인지 과정 즉, 2차적인 감정이다.

이처럼 감정은 지각, 인지 과정과 밀접한 영향이 있으며 서로 복잡 미묘한 관계를 지니고 있다.

감정은 조절이다. ─────●

우리는 감정의 지각과 인지 과정을 통해 감정이란 무엇이고 감정은 어떤 형태를 지니는지에 대해 알아봤다. 그렇다면 감정이라는 내면의 행동에 대해 다시 한 번 정리해보자.

먼저 감정은 매우 즉각적이다. 왜냐하면, 인지의 과정보다는 지각의 과정을 거쳐 나오는 반응이 대부분이기 때문이다. 지각의 과정에서 나오는 감정을 1차적 감정, 인지의 과정에서 나오는 감정을 2차적 감정이라고 한다면 대부분의 감정은 즉각적 지각에서 나오는 반응이라는 것이다.

두 번째로 감정은 후행적이다. 여기서 선행적이라는 말과 후행적이라는 말의 차이는 전자는 먼저 실행되는 것을 말하고 후자는 뒤에 수반되는 것을 말한다. 즉, 감정은 어떤 자극에 의한 반응에 대한 조절로써 나오는 내적인 운동으로 후행적이라는 것이다.

마지막으로 감정은 주관적이다. 예컨대, 어떤 사람이 지나가다가 뱀을 발견하고 놀랄 수도 있고 또 다른 사람은 울 수도 있으며 또 어떤 사람은 즐거워할 수도 있다는 것이다. 그 이유는 개인의 경험과 성격에 따라 다르게 나오는 반응이기 때문이다.

이처럼 감정은 즉각적이고 후행적이고 주관적이다. 그래서 이성처럼 다루기가 쉽지 않고 조절과 통제도 어려운 이유이다.

'나는 생각한다. 그러므로 나는 존재한다.'라는 유명한 말을 남긴 데카르트의 경우 인지의 과정을 숭배한 나머지 신체와 영혼을 분리해서 얘기하고는 했다. 하지만 의학의 발달로 인해 감정 역시 뇌의 지각과 인지로 인해 발생하는 내적인 운동이라는 것을 증명하게 되었다.

그리고 감정은 우리가 통제하기가 어려울 뿐 조절이 불가능한 것이 아니라는 것도 알게 되었다. 왜냐하면, 감정은 실제로 존재하는 것이 아니라, 자극에 의해서 나오는 화학적 반응이기 때문이다.

물론 저자는 감정을 폄하하거나 비하할 의도는 전혀 없다. 다만, 우리가 감정이라는 것을 지나치게 추상화시킬 경우 과학적, 합리적으로 사유하기가 어렵기 때문에 조금 더 분명하고 확실한 방법으로 접근하고자 의학적, 물리적인 방식으로 접근하려고 하는 것이다.

우리는 감정을 미화시키지 말고 보다 감정을 과학적이고 합리적인 방식으로 직시하여 그토록 어려운 감정을 조절하고 이해하고 다양한 상황에 대처하는 방법을 효과적으로 알아야 한다.

마치 손자병법에 나오는 '지피지기면 백전백승이다.'라는 말처럼 우리는 감정을 보다 구체적으로 때론 합리적으로 파고들어야 한다.

1. 감정은 매우 즉각적이다.
2. 감정은 후행적이다.
3. 감정은 주관적이다.
4. 그렇기 때문에 감정은 조절이 어렵다.

감정표현의 중요성

현대사회에서 감정이라는 것은 표현 외에 더 많은 것을 내포하고 있다. 행복, 기쁨, 즐거움 등의 긍정적인 감정도 있고, 화, 우울함, 짜증 등의 부정적인 감정도 있다.

그런데 이러한 감정을 어떻게 적재적소에 표현하느냐에 따라 그 사람의 호감도는 물론 대인관계에 대한 능력치가 다르게 평가 된다.

가정, 직장 등 우리가 사람과 직면하는 모든 곳에서 중요한 요소 중 하나는 바로 감정을 절제할 때와 감정을 표현할 때를 알고 상황에 맞는 감정표현을 하는 것이다.

대화에 있어 말이 이성적인 설득을 준다면 감정표현, 시선, 말투, 시선과 같은 비언어는 감성적인 설득을 주는 중요한 요소이다. 특히 감정을 어떻게 싣느냐에 따라 더 생생한 전달을 줄 수가 있다.

예를 들어, 회사에서 "차장님, 오늘 기분 좋은 일 있으세요?"라는 말을 한다고 했을 때, 무표정한 얼굴로 얘기하는 것과 감정을 실어서 반가운 느낌의 표현을 한다면 훨씬 더 기분 좋은 느낌을 줄 수가 있다. 따라서 대화를 할 때 감정을 생동감 있게 표현하는 것은 매우 중요하다. 때로는 냉철하게 때로는 온화하게 그리고 때로는 유쾌하게 느낌을 표현해야 상대방에게 호감을 줄 수 있다.

즉, 상황에 따라 차분하게 감정을 절제해야 하고 또 어떤 상황에서는 감정을 표현해야 할 때가 있다. 가령, 길에서 싫은 사람을 우연히 만났을 때 태연하게 아무렇지 않은 척 얘기하는 사람과 싫은 티를 팍팍 내는 사람의 경우에 따라 상대방에게 포커페이스의 성공여부가 결정될 수가 있는 것이다.

또한, 거절할 때도 부드럽게 미소를 머금으면서 얘기를 하는 사람과 딱딱하게 얘기하는 사람이 있으면 전자의 사람의 거절이 보다 기분 나쁘지 않은 거절 표현이 될 것이다.

반대로 감정을 표현해야 할 때도 있다. 상대가 감정적으로 나올 때는 처음엔 차분하게 얘기하지만 그럼에도 상대가 감정적으로 나올 때는 단호하게 얘기할 줄도 알아야 한다. 즉, 감정표현을 때로는 절제를 할 줄 알고 때로는 표현을 할 줄 아는 것이 중요하다는 얘기이다.

그렇기 때문에 감정표현은 실생활에서 매우 중요한 역할을 할 수 있다.

이처럼 대화를 할 때 감정표현을 잘하는 사람은 상황에 맞게 때로는 입체적으로 때로는 생생하게 표현을 잘할 줄 안다.

발표를 할 때도 마찬가지이다. 프레젠테이션이나 사람들 앞에서 자기소개를 할 때 감정표현을 무미건조하게 하느냐 생생하게 하느냐에 따라 사람들의 반응이 달라질 수가 있다.

이제는 감정표현은 하나의 능력이 되었다. 즉, 감정표현은 자신을 어필

하는 시대에 있어서 꼭 필요한 부분이다.

따라서 감정표현이 서툴거나 어색하거나 조절이 안 된다고 느껴질 때에는 원인을 찾고 방법을 이해하며 훈련을 통해 숙지를 하는 것이 중요하다.

감정을 숨길 때 ──•

사회에서 포커페이스를 유지해야 할 때가 굉장히 많다. 누구나 감정을 숨겨야 할 때 숨기지 못해서 손해를 본 경우가 있을 것이다.

직장생활을 예를 들어보자.

내가 기분이 안 좋은데도 직장상사의 말을 들어야 할 때, 내가 열심히 준비해 온 프레젠테이션에 대해 상사가 기분 나쁘게 지적을 하는 경우, 며칠 동안 밤을 새워 준비한 보고서를 보고 뭐라고 하는 경우 등 수없이 많다. 그럴 때마다 감정조절이 되지 않아 낭패를 본 경우가 있을 것이다.

가정에서도 마찬가지이다.

남편이 늦게 들어와서 왜 늦게 들어왔냐고 물었더니, 그런 걸 왜 묻느냐고 도리어 따진다. 얼굴이 달아오르기 시작한다. 맥박이 빨라지고 호흡이 빨라진다. 언성이 올라가고 결국 다툼으로 이어진다. 그리고 그 다음날 서로 후회한다. '그때 조금만 참을 걸...', '왜 그 당시에 화를 냈을까?' 하지만 후회해도 소용없다. 왜냐하면 시간을 돌이킬 수 없기 때문이다. 바로 그러한 점이 어렵고 무서운 점이다.

친구관계에서도 그렇다.
어느 날 친구와 약속을 했는데 친구가 오지 않는다. 5분 10분 20분 30분... 시간이 지날수록 점점 짜증이 밀려오기 시작한다. 40분 쯤 지나서야 저 멀리서 원수 같은 친구의 모습이 보인다. 친구가 '많이 기다렸지?'하면서 미안한 척을 하지만 나의 굳은 얼굴에서 억지로 미소를 짓는 것이 힘들다. 게다가 자꾸 나에게 삐졌냐고 묻는다. 결국 화가 폭발하고 만다. 그리고 몇 달 동안 서로 얼굴을 보지 못한다. 전화를 걸어서 그 당시 서먹했던 감정을 풀려고 하지만 예전만큼 관계가 돈독해지기가 어렵다.

이처럼 감정과 말은 한 번 내뱉으면 다시 주워 담을 수 없기 때문이다. 감정을 숨긴다는 것은 내 자신의 호흡과 신체와 안색의 변화를 들키지 않는 것이다. 그러면서 스트레스를 받지 않아야 한다. 내가 감정을 숨기는데 스트레스를 받으면 오히려 마음의 병을 얻기 때문에 손해가 된다.

아무리 말로써 자신의 감정을 숨기려 해도 신체는 거짓말을 하지 못한다.

그렇기 때문에 감정을 숨기는 방법 즉, 감정을 조절하는 방법을 알면 사람과의 관계에서나 여러 가지 상황에 현명하게 대처할 수 있다.

감정을 드러낼 때

감정을 드러낼 때 생각해 보자. 가령, 어떤 모임의 회의에서 사안을 결정해야 할 때 우유부단한 모습을 드러내는 리더와 강단 있게 결정하는 모습을 보이는 리더 중 어떤 리더에게 신뢰가 생길까?

또는, 버스정류장에서 줄을 서서 버스를 기다리고 있다고 생각해 보자.

나는 줄을 차례대로 서서 추운 날씨에도 불구하고 버스를 기다리고 있는데, 갑자기 어떤 사람이 새치기를 한다. 거기서 뭐라고 할지를 생각한다. 화가 나고 짜증이 나지만, 괜히 뭐라고 했다가 시비가 붙을까봐 결국 아무 말도 하지 않는다.

이번에는 집안에서의 경우이다.

아들이 오늘도 늦게 귀가했다. 왜 늦었느냐고 물어보니, PC방에서 게임하다가 새벽에 들어왔다고 했다. 그냥 넘어가자니 계속 그럴 것 같고, 잔소리를 하면 또 다툼이 일어날 것 같다.

직장에서도 마찬가지이다.

김 과장이 자꾸 나한테만 심부름을 시킨다. 분명 나보다 늦게 들어온 신입사원들도 많고 이제 나는 대리 3년차인데 잔심부름까지 나한테 시킨다.

물론 나와 다년간 호흡을 맞췄기 때문에 어느 정도 이해는 가지만 내 업무도 너무 많은데다가 김 과장의 말을 안 들었다가 괜히 밉보일까봐 여러 가지 고민이 많다. '얘기를 할까? 어떻게 말을 건네지? 못들은 척 할까? 아니면 무시할까? 한 번 짜증을 내볼까?' 여러 가지 생각을 해 보지만 해답이 떠오르지가 않는다.

이처럼 감정을 드러내야 될 때 어떻게 현명하게 감정을 나타내는지가 중요하다. 자칫 함부로 감정을 드러내면 오히려 인간관계에 악영향과 부작용을 야기할 수도 있지만, 그렇다고 가만히 참자니 그것 역시 현명한 대처방법은 아닐 것이다. 이럴 때에 감정을 어떻게 드러내느냐 즉, 상대방도 기분이 나쁘지 않으면서 나 역시 원만한 해결을 찾을 수 있는 감정처세가 중요하다.

섣불리 감정을 드러내서 손해를 본 적이 없는가? 감정을 너무 자제해서 손실을 입은 적은 없는가?
감정에 대한 처세는 생각보다 쉽지 않다. 왜냐하면 감정이라는 것은 우리의 일상과 직결되어 있고 시시각각 상황과 관계 속에 노출되어 있기 때문이다.

대부분 다양한 상황이나 관계에 맞춰 어떻게 감정을 조절하고 감정을 표현하고 자제하는지에 대해 어려워하고 있다. 하지만 대화를 하는 것보다 감정을 조절하는 것이 어려운 점은 대화는 어느 정도 이성적 통제가 가능하지만 감정 자체가 감성적인 부분이기 때문에 통제가 쉽지 않다는 것이다. 그리고 그러한 부분은 처세와도 관련되어 있고 대인관계와도 관련이 있기 때문이다.

가짜 감정과 진짜 감정 ──•

우리는 살면서 수많은 말과 행동을 하고 또 그 말과 행동에 대해 후회를 하기도 한다. 하지만 대부분 후회를 하는 경우는 흥분상태에서 어떤 것을 결정할 때이다.

사람이 화가 나거나 짜증이 날 때, 아드레날린이라는 호르몬이 분비된다. 아드레날린은 긴장상태에서 분비되는 호르몬인데, 긴장을 유지하는 부분이 있는 반면, 자신을 보호하기 위해 상대방을 공격하는 성질도 있다.

그래서 우리가 화가 날 때, 상대방에게 인신공격을 하거나 후회하는 말을 많이 하기도 한다.

예를 들어, 남녀가 시간약속을 가지고 다툴 때를 생각해보자. 이미 남자는 여자 친구가 늦어서 화가 난 상태이다.

> 남자 : 또 왜 늦었어?
> 여자 : 왜 보자마자 나한테 화를 내?
> 남자 : 그럼 내가 화가 안 나게 생겼어? 지금이 한 두 번이야?
> 여자 : 내가 지금 사과하려고 했잖아. 오늘 남동생 생일이라 챙겨주고 오느라 늦었어.
> 남자 : 그걸 나한테 미리 얘기했어? 내가 어떻게 아냐고? 그냥 헤어져.
> 여자 : 뭐?
> 남자 : 그냥 짜증나니까 헤어지자고.

저런 비슷한 상황을 우리는 아마 많이 겪었을 것이다. 저런 식으로 순간 욱해서 얘기했다가 며칠 뒤에 이불 킥을 하며 후회를 한 경우가 많았을 것이다. 그렇다면 왜 후회를 할까? 그 이유는 바로 순간의 감정을 믿고 그것을 사실로 받아들여 말이나 행동을 한 부분에 대해 아쉬움이 남아서이다. 즉, 흥분상태에서 말이나 행동을 할 때는 객관적이고 이성적인 생각을 하기 어렵기 때문에 상당히 즉흥적이고 감정적인 판단을 하게 된다. 이러한 감정을 즉흥적 감정이라 할 수 있다.

하지만 시간이 지나서 그러한 감정이 변하지 않는다면, 그것은 진짜 감정이라 할 수 있다. 우리가 조심해야 하는 부분은 바로 즉흥적 감정이다. 즉흥적 감정은 언제든지 변할 수가 있고, 사리판단 부분이 명확하지 않기 때문에 객관적이지 않을 수 있다. 그렇기 때문에 가짜 감정이라 할 수 있다.

그렇기 때문에 어떠한 즉흥 감정이 생길 때는 이 감정이 진짜인지 즉흥적인지 조금 거리를 두고 생각하는 것이 중요하다. 그래야 일을 그르치는 것을 미연에 방지할 수 있기 때문이다.

감정을 훈련해야 하는 이유 ─────•

　　　　　　　　그렇다면 왜 감정을 훈련해야 하는 것일까? 우리가 직장에서든 가정이나 사회에서든 다양한 상황에 접할 때 때로는 감정을 숨기거나 때로는 감정을 표현해야 한다. 하지만 우리는 그러한 감정처세에 능하지 않은 경우가 많기 때문에 훈련을 해서 감정표현과 조절하는 능력을 키워야 한다.

　예를 들어, 집에서 TV를 보고 있는데 갑자기 동생이 채널을 돌려버린다. 순간 짜증이 나서 "원래대로 돌려봐."라고 얘기한다. 하지만 동생은 아랑곳하지 않고 자기가 보고 싶은 채널을 본다. 이럴 때 화를 내기 보다는 미소를 띠며 좋게 타이르는 것은 어떨까?

　물론 상황에 따라 단호하게 얘기를 해야 할 때도 있다. 하지만 결론적으로 감정적으로 대하는 것과 이성적으로 대하는 것은 상대방에게 다른 느낌을 줄 수 있다. 어떤 경우든 감정적이고 부정적인 말과 행동은 상대방에게 악영향을 끼칠 수밖에 없다. 즉, 현명한 방법이 아니라는 것이다. 그것이 바로 감정표현 훈련을 해야 하는 첫 번째 이유이다.

　감정표현은 현대인에게 처세와 더불어 그 사람의 대인관계 등 이제는 하나의 능력치가 되어 버렸다. 하지만 '나는 기분이 좋은데 왜 상대방은 내가 기분이 좋지 않느냐고 물어보지?' 또는, '나는 지금 감정을 억누르고 있는데 왜 나보고 화를 많이 내고 있다고 말하지?' 등, 내가 생각하는 것과 상대방이 생각하는 것이 다를 때도 문제가 된다.

내가 생각하는 감정표현과 상대방이 느끼는 감정이 일치가 됐을 때 서로 오해가 없게 된다. 바로 그러한 부분이 감정표현 훈련을 해야 하는 두 번째 이유가 된다.

마지막 이유는 감정 스트레스에서 찾을 수 있다.

한국 사회는 너무나 각박하고 경쟁이 치열해서 도태되지 않게 한국인들은 매일 매일 전쟁과 같은 삶을 살고 있다. 그러다 보니 늘 긴장 상태에 놓여 있다. 긴장 상태에 있다는 것은 감정이 언제 폭발할지 모른다는 의미이기도 하다. 그래서 한국사람 중에는 분노조절장애를 갖고 있는 경우가 너무나 많다. 피부가 상처가 생기면 연고를 바르듯이 마음의 상처가 생겨도 역시 치유를 해줘야 하는데, 한국 사회는 마음의 병에 대해 관용을 베풀기는커녕 마치 '견디는 것이 능사', '고진감래'를 주입시킴으로써 더욱 병을 키우고 있다.

이러한 긴장의 감정은 치유를 하지 않으면 마치 언제 폭발할지 모르는 시한폭탄과 같다. 이것이 바로 감정표현 연습이 필요한 세 번째 이유이다.

감정표현은 연습을 하고 훈련을 하면 어떤 상황에서도 '내가 이렇게 표현하면 어떻게 될까?', '상대방이 내 감정을 알아차리지 않을까?, '지금 내 감정이 제대로 전달되는 것일까?'라는 다양한 의구심을 불식시킬 수가 있는 것은 물론 자신의 마음의 병을 치유하는 데도 많은 도움을 줄 수 있다.

그렇기 때문에 우리는 다양한 상황이나 관계에 맞춰서 효율적이고 합리적으로 감정을 통제하고 드러내고 조절하는 방법에 대해 알아야 한다. 얼마나 감정을 잘 조절하고 표현하고 절제하느냐에 따라 사람들과의 관계가 즐거워지고 행복해지는 것은 물론 자신의 삶의 질이 나아지기 때문이다.

Chapter 2
자율 신경과 감정

자율 신경과 감정

감정은 자율신경과 밀접한 연관이 있다. ———•

인간의 신체는 무척이나 복잡 미묘하고 매우 과학적이다. 그래서 과학적으로 인간의 신체를 '소우주'라고 하는 이유이기도 하다.

자율신경을 얘기하기에 앞서 먼저 신경에 대해 얘기해보자.

'신경'이란 각 기관계를 연결하여 하나의 유기체로서 신체 활동의 조절과 조정을 담당하는 조직을 얘기한다. 신경계를 두 가지로 나누면 중추신경계와 말초신경계로 구분할 수 있다. 중추신경계는 CPU와 같은 중앙처리장치이며 감각신경으로부터 정보를 수집해서 주로 대뇌에서 인지와 판단을 내려 운동신경으로 행동을 명령하는 의식적 작용과 우리 몸을 즉각적으로 보호하기 위해 간뇌, 연수, 척수로부터 바로 반응을 하는 무의식적 작용으로 나눌 수 있다. - 참조(서울대학병원 신체기관정보)

말초신경계는 세 가지로 나눌 수 있는데 정보를 수집하는 감각신경과 행동을 수반하는 운동신경 그리고 마지막으로 우리 몸의 체온 및 장기 등의 운동을 조절하는 자율신경이 있다.

> 혈관이나 장기 벽을 이루는 민무늬근, 심장 근육, 샘에 분포하여 수축과 분비를 조절하는 신경.

쉽게 말해 자율신경계를 제외한 중추신경과 말초신경은 자극과 반응을 통해 인지와 판단을 수행한다면 자율신경계는 우리 몸을 조절하는 기관이다. 이러한 자율신경계는 우리 몸을 조절하기 위한 기능을 하며 내분비와 외분비로 나눌 수 있다. 내분비는 혈관 속에 호르몬처럼 우리 몸의 내부에서 타고 나오는 분비조절을 얘기하며, 외분비는 침, 땀, 눈물처럼 우리 몸의 바깥으로 나오는 분비조절을 말한다. 감정은 반응이 아니라 반응 이후의 조절이다.

예를 들어, 어떤 친구에게 상처가 되는 말을 들었을 때, 상처가 되는 말을 듣는 것을 '반응'이라고 한다. 이 반응 후에 뇌에서의 '판단'과 자율신경의 '조절'이 공존하게 된다. 대뇌에서는 '그래. 내가 이 말을 듣고 어떻게 할까?'라고 생각을 한 후에 '이 정도는 내가 참아야지.'라고 판단을 내린다.

한편, 자율신경은 우리 몸은 자신을 보호하고 원래의 상태를 유지하기 위해 땀과 눈물을 바깥으로 내보낸다. 이러한 조절은 자율신경의 외분비 기능이며 이러한 눈물을 가지고 우리는 '슬픔'이라고 규정한다. 그렇기 때문에 1차적인 감정은 이 자율신경계와 밀접한 관련이 있다고 할 수 있다. 2차적인 복합감정이나 자제를 하려는 감정은 대뇌의 판단과 더불어 자율신경과 함께 나오는 감정이라 할 수 있다.

가령, 친구의 상처가 되는 말을 듣고 자율신경의 외분비 조절로 인해 눈물이 나오지만, 대뇌에서는 판단으로 인해 자제하려 한다. 그래서 눈물을 흘리지만 억지로 웃거나 자제를 하려는 감정이 나오는 것이다.

항상성이 감정에 미치는 영향

마치 물리학에서 질량 보존의 법칙처럼 인체는 늘 같은 상태를 유지하기 위한 성질을 지닌다. 그것을 '항상성'이라 한다. 항상성은 체온을 유지하거나 호르몬을 분비하거나 땀을 배출하거나 눈물을 흘리는 등 일정한 상태를 유지하기 위한 신체의 기능이다.

항상성은 바로 우리 몸을 일정한 상태로 유지해서 조절하기 위한 기능을 한다.

예를 들어, 직장 상사가 나에게 일을 못 한다며 핀잔을 주고 있다. 평소에 싫어하는 상사인 데다가 내가 잘못을 하지 않았음에도 불구하고 지적을 하여 기분이 상하고 화가 난다. 이때 나오는 감정은 '분노'이다.

그런데 이 분노상태를 계속 유지할 수가 없다. 왜냐하면, 계속 분노를 표출하게 되면 신체 내의 기능이 저하되기 때문이다. 그래서 항상성이 분노상태를 원래대로 돌리려 한다. 이때 외분비로써 땀과 눈물을 배출하게 된다. 이러한 배출을 통해 원래 상태로 신체를 유지하는 것을 돕는다.

이때 가팔라졌던 호흡이 조금씩 진정이 된다. 그러면서 대뇌의 인지와 판단이 함께 항상성의 조절을 돕는다. '내가 이 정도로 화낼 필요는 없지. 건강에 안 좋아.'라는 지령을 운동신경으로 내리고 이 지령이 항상성을 돕게 된다.

이처럼 항상성은 자율신경의 조절과 밀접한 관련이 있고 대뇌의 인지와 판단과도 상관관계가 있다.

우리 몸은 매우 과학적이고 합리적인 기능을 하고 있다. 우리가 얘기하는 감정은 바로 이러한 항상성 조절의 영향을 늘 받고 있다. 그렇기 때문에 감정이 지속되는 것이 아니라 변화무쌍하게 바뀌는 것이다.

'아픔'이라는 감정도 마찬가지다. 우리가 길을 가다가 날카로운 무언가에 발을 찔렸을 때, 통증을 느낀다. 이 통증은 감각신경을 통해 대뇌에 전달되고 대뇌에서는 운동신경으로 어떻게 처리할지에 대해 판단을 내린다. 또한, 자율신경은 긴장을 통해 신체가 통증으로 인해 기능이 저하되는 것을 막는다. 이것은 우리가 소위 벼락치기나 아니면 누군가와 싸움을 할 때 우리 몸을 보호하기 위해 긴장을 하는 것과 마찬가지이다.

긴장과 이완

신체의 조절 즉, 자율신경이 감정과 밀접한 관계가 있음을 앞서서 여러 가지로 말했다. 그렇다면 자율신경에 대해 조금 더 자세히 알아보자.

우리 몸은 늘 긴장과 이완 상태에 놓여있다. 그리고 우리 몸을 일정한 상태로 유지하기 위해 긴장을 하면 다시 이완을 하고, 이완하면 다시 긴장을 하려 한다. 이러한 성질을 항상성이라고 한다고 얘기했다.

바로 자율신경은 우리 몸을 조절하기 위한 신경 기능이고 그 자율신경은 다시 두 가지로 나눌 수 있다. 하나는 긴장을 담당하는 교감신경 그리고 나머지 하나는 이완을 담당하는 부교감신경이다.

교감신경과 부교감신경으로 이루어진 자율신경은 우리 몸을 일정한 상태로 유지하기 위한 항상성과 관련이 깊은데 그중, 교감신경은 긴장을 통해 우리 몸을 보호하기 위함이라 생각하면 된다. 예를 들어, 우리가 운전하다가 어떤 사람과 시비가 붙었을 때를 생각해보자.

그때 교감신경이 우리 몸을 보호하기 위해 활성화되고 그런 교감신경으로 인해 긴장된다. 이때 이러한 긴장으로 인해 호흡과 맥박이 빨라지고 내분비인 아드레날린, 외분비인 땀이 발생하게 된다. 이러한 긴장은 통증이나 이런 것에 대비해 우리 몸을 보호하는 기능을 하며 땀과 같은 분비물은 우리 몸의 체온을 일정하게 유지하려는 항상성의 역할을 한다.

이러한 교감신경으로 인한 긴장의 부산물 즉, 기분 나쁘게 호흡이 빨라지고 맥박이 빨라지며 땀이 나는 반응을 '화'라고 한다.

다시 말해서, 여기서의 '화'라는 감정은 우리 몸을 보호하기 위한 항상성의 역할인 교감신경으로 인해 긴장이 생기고 이 긴장과 더불어 아드레날린이라는 공격성을 지닌 부신피질호르몬이 분비되어 생기는 감정이라는 것이다.

긴장	이완
• 교감신경의 영향	• 부교감신경의 영향
• 아드레날린 분비	• 아세틸콜린 분비
• 방어기능 작동	• 원래대로의 복귀성향

긴장과 감정의 관계 ───•

그렇다면 긴장은 어떻게 감정과 연계가 될까?

> 심장을 강하고 빠르게 수축하고 혈관 수척, 동공 확대 따위의 작용을 한다.

하지만 다른 경우도 있다.

예를 들어, 어떤 친구가 나에게 선물을 줬다. 그 친구가 "너한테 줄 선물이 있어."라고 말을 하자 '그게 무슨 선물이지?'라는 생각에 긴장이 된다. 여기서도 교감신경이 작동되어 맥박이 빨라지고 호흡이 뛴다. 그런데 여기서는 아드레날린이 발생하지 않고 '도파민'이라는 호르몬이 나온다. 이 도파민은 기분이 좋을 때 그것을 극대화하기 위해 나오는 호르몬이다. 선물을 보고 이 호르몬과 연관된 긴장은 '설렘'으로 바뀐다.

여기서 알 수 있듯이 긴장에도 두 가지 종류가 있다. 바로 '좋은 긴장'과 '나쁜 긴장'이 있다. 똑같이 맥박이 빨라지고 호흡이 불규칙해지지만 '아드레날린'과 같은 우리 몸을 방어하기 위한 호르몬이 나오느냐, 우리 몸을 기분 좋게 만들기 위한 '도파민'이 나오느냐에 따라 긴장의 부산물인 감정이 달라지는 것이다.

이완과 감정의 관계

> 부교감 신경(이완의 감정) - 교감신경과 더불어 자율 신경 계통을 이루는 신경, 교감 신경이 촉진되면 억제하는 일을 하고, 신체가 흥분되면 심장의 구실을 억제하며 소화 기관의 작용을 촉진한다.

이번에는 이완을 생각해보자. 우리 몸은 항상성 즉, 우리 몸을 일정한 상태로 유지하려는 성질로 인해 늘 긴장 상태를 만들 수 없다.

예를 들어, 우리가 직장에서 상사에게 잔소리를 들어 화가 난다. 그래서 퇴근하고 기분도 울적해서 공원에 가서 의자에 앉는다. 의자에 앉으니 빨라졌던 맥박과 조금 전까지 화가 나서 거칠어졌던 호흡이 가라앉는다. 이러한 상태를 이완 상태라고 한다. 그러면서 숲을 보니 마음이 편안해진다. 그리고 이러한 감정을 '편안함'이라고 한다.

또 다른 이완도 있다. 모처럼 직장을 그만두고 집에서 휴식을 취한다. 하루 이틀, 일주일. 일주일까지는 집에 있는 것이 편안하다. 그런데 한 달 가까이 집에만 있으니까 그 편안했던 감정이 지겹고 외로움으로 바뀐다. 이러한 감정을 '우울함'이라고 한다.

이처럼 이완 역시 '좋은 이완'과 '나쁜 이완'으로 나눌 수 있다. 좋은 이완은 몸이 편안해지면서 맥박과 호흡이 느려진 상태에 '아세틸콜린'이라는 호르몬이 분비되어 기분 좋은 편안한 진정상태를 유지하는 것이다. 나쁜 이완은 맥박과 호흡이 느려진 상태가 너무 오래 지속하면 편안함이 지루함으로 바뀌고 '코르티솔'이라는 부신피질호르몬이 분비되어 우리 몸을 보호하기 위해 혈당을 높인다.

이처럼 감정은 신체의 조절기능인 자율신경계와 연관이 있고, 자율신경은 다시 교감신경과 부교감신경으로 나뉘어서 긴장과 이완을 형성하는 것이다.

만약 긴장 상태가 지속되거나 이완 상태만 지속되면 항상성이 깨지기 때문에 '자율신경 실조증'이라는 병에 걸릴 수 있다. 우리 몸은 생각보다 매우 과학적이고 섬세하다. 이러한 긴장과 이완은 끊임없이 마치 롤러코스터를 타는 것처럼 상황에 따라 계속 뒤바뀐다.

자율신경과 감정의 상관관계 ──── •

자율신경은 신체를 일정한 상태로 유지하기 위해 조절하려는 기능이 있다. 이러한 신체조절기능은 바로 감정과 관련이 있다.

왜냐하면, 감정은 의도적으로 만드는 것이 아니라, 반응에 의한 조절이기 때문이다. 그렇다면 감정이 일어나는 과정을 대화를 통해 상세히 알아보자.

먼저, '긴장'이 유발되는 상황이다.

> **부부 사이의 대화**
>
> 남편 : 지금 몇 신데 이제야 끼질러 와?
> 아내 : 허이구, 다정다감하셔라.
> 남편 : 내 말이 말 같지 않아?
> 아내 : 응, 말 같지 않아.
> 남편 : 정말 가관이다. 넌 네가 잘못하고도 인정하지 않지?
> 아내 : 그만 좀 해! 네가 내 아빠야? 어디서 명령이야?
> 남편 : 아이구, 잘났다. 잘났어!
> 아내 : 내가 너랑 사느니 우리 집 개랑 사는 게 낫겠다.

이번에는 '이완'이 유발되는 상황이다.

> **찜질방에서의 대화**
>
> 친구 : 식혜도 먹고 마사지도 받으니까 편안하네.
> 나 : 그렇게 배부르게 먹고 사우나도 하니까 몸이 나른하다.
> 친구 : (구석진 곳을 가리키며) 저기 좀 누워 있자.
> 나 : 그래.
> 친구 : 편안하다 진짜.

우리 인간은 끊임없이 진화해 왔다.

철학적으로도 플라톤, 아리스토텔레스, 칸트가 초석이 되고 베이컨과 로크의 경험론을 거쳐서 후설의 현상학과 인식론까지 점점 사실적이고 섬세하게 깊이를 더하고 있다.

또한, 의학적인 영역도 탐구와 실험을 통해 인간 수명을 100세까지 끌어올릴 정도로 비약적인 발전을 거듭해 왔다.

그리고 과학의 비약적인 발전으로 인해 컴퓨터, 스마트폰, 로봇기술, 나노기술 등을 비롯해 이성적인 부분은 첨단을 걷고 있다. 그리고 앞으로 그러한 발전은 더욱 박차를 가할 것이다.

하지만 로봇이 이성적인 부분을 인간과 비슷하게 시스템화할 수는 있지만, 아직까지 인간을 따라잡지 못한 부분이 있다. 그것은 바로 '감정'이다.

우리가 어떤 사물을 볼 때, 오감으로 그 사물을 느끼고 뉴런 신경을 통해 중추신경으로 전달하고 다시 중추신경의 판단으로 운동신경에 명령을 내리는 과정을 '인지'라고 한다. '인지'와 유사한 의미지만, '인식'은 감각과 감정을 바탕으로 뇌에서 인지하는 과정을 말한다. 여기서 인식이 바로 감각과 감정을 모두 포함하는 의미로써 사용되는 것이다. 철학적으로 현상학과 인식론이 바로 그러한 과정을 깊이 다루는 학문이다.

그런데 여기서 중요한 부분은 바로 감정을 바탕으로 하는 인식이다. 이 감정이라는 인식은 후행적 즉, 감각으로 인해 수반되는 그 무엇이다.

예컨대 어떤 직장인이 길을 지나가다가 지갑을 주었다고 가정해보자.
길을 가면서 '오늘 회의하는데 어제 보고서 마무리 잘했겠지?'라는 생각을 하고 있다. 그런데 앞이 지갑이 떨어져 있는 것이다. 그 지갑을 보는 것을 발견이라 한다. 그리고 즉각적인 흥분을 한다. 이 즉각적인 흥분을 감정이라고 한다. 즉, 발견은 인식에 해당하고 감정은 인식으로 인한 반응에 해당한다. 그렇기 때문에 감정은 후행적이면서 즉각적이고 주관적일 수밖에 없다.

이 즉각적이면서 주관적인 감정은 뇌의 중추신경의 영향을 받는 것이 아니라, 우리 몸을 보호하고 일정한 상태를 유지하도록 간뇌와 시상하부 그리고 척수를 통해 이어지는 자율신경계의 영향을 받는다. 공이 날아올 때, 몸을 다치지 않기 위해 즉각적으로 반응하는 것, 소변이 마려울 때 바로 신호가 오는 것 등이 우리 몸의 항상성을 유지하기 위함이다.

이 자율신경에 교감신경과 부교감신경이 있는 것이다. 교감신경은 우리의 몸을 방어하기 위해 긴장을 유발하는 성질이 있고, 부교감신경은 우리의 몸을 원래대로 회귀하기 위해 이완하는 성질이 있다.

다시 길을 가다가 지갑이 떨어져 있는 것을 발견하는 상황으로 가보자.
길을 가다가 우연히 무엇을 발견했다. 이때 무언가에 대해 몸을 방어하도록 교감신경이 작동하면서 몸에 긴장을 유발한다. 하지만 자세히 보니 지갑이다. 긴장감은 살짝 안도감으로 바뀐다. 이러한 부분을 길항작용이라고 한다. 즉, 교감신경과 부교감신경은 서로 반대로 작용하려는 경향이 있다. 그 지갑 안에 무엇이 들어있는지를 보니 현금이 가득하다. 그 돈을 보니 가슴이 뛴다. 긴장감이 안도감으로 바뀌고 다시 설렘으로 바뀌는 과정이다. 그러면서 도파민이라는 호르몬이 나오게 되고 행복한 감정으로 바뀐다.

   인간의 신체는 이처럼 매우 복잡 미묘한 체계를 이루고 있다. 특히, 감정과 연관이 있는 자율신경계는 최고로 복잡하면서 섬세한 시스템으로 이루어져 있다. 이러한 메커니즘과 시스템을 정확히 알고 있어야 감정을 드러낼 때와 숨길 때의 교감과 부교감신경의 역할을 이해할 수 있고 그로 인한 처세를 현명하게 할 수가 있다.

Chapter 3
상황과 감정

상황과 감정

상황과 감정 ──────•

               감정이 어려운 이유는 추상적이면서도 매우 가변적이기 때문이다. 화날 때, 기쁠 때, 슬플 때 등에 따라 감정은 변화한다. 그리고 감정은 매우 복잡 미묘하다. 감정이 복잡한 이유는 어떠한 하나의 감정이 일관적으로 지속되는 것이 아니라, 상황에 따라 슬프다가도 기뻐지거나 기쁘다가도 슬퍼지는 형태의 가변성을 보이기 때문이다.

    이처럼 감정은 다루기가 어렵다. 그리고 조절하는 것은 더더욱 어렵다. 하지만 그것은 감정을 잘 모를 때 그렇게 느껴지는 것이다. 만약 감정을 정확히 이해하고 감정의 성격과 성향을 정확히 인지할 수 있다면 그렇게까지 감정은 어려운 것일까? 그렇지 않다.

우리가 이제껏 감정이 어렵다고 느끼는 것은 감정 자체가 추상적이고 감정은 다루기가 어렵다고 느껴왔기 때문이다.

가령, 우리가 어떤 친구가 나에게 내 행동에 관해서 지적해서 서운함을 느꼈다면 '왜 그 당시에 그런 서운함을 느꼈는지'에 대해 나중에 인지하게 된다. 그리고 그 당시에 '왜 포커페이스가 안 됐는지'에 대해 후회를 하게 된다.

이유는 하나이다. 감정이 어렵다고 느끼기 때문이다. 감정은 후행적이고 추상적이고 개별적이라 어렵다고 느끼기 때문이다. 그렇다면 반대로 감정을 알게 되면 즉, 감정의 성향과 성질을 이해하게 되면 어떨까? 그렇다면 상황은 달라질 것이다.

'왜 화가 나는지 그리고 화가 날 때 내 몸이 어떻게 반응하는지 그러한 반응에 따라 어떻게 대처할 수 있는지'를 정확히 이해하고 판단하면 감정을 이해하고 다루는 것이 어렵지만은 않을 것이다.

그렇기 때문에 감정을 정확히 분석하고 인지해야 우리는 다양한 상황에 대한 감정의 대처를 잘 할 수 있다. 상황에 따라 감정이 어떻게 달라지는지 또한, 감정은 상황에 따라 어떠한 형태를 지니고 있는지를 정확하게 파악해야 감정에 대해 분석을 할 수 있다고 말할 수 있다.

그래서 사례를 통해 감정에 대한 성향을 분석하고 감정의 성질을 그래프로 도식화해서 설명하고자 한다. 그래야 과학적이고 분명하게 감정을 인지하는 데 도움이 될 수 있기 때문이다.

그렇다면 다양한 상황에 따라 감정이 어떻게 발생되고 감정은 어떠한 형태를 지니는지를 정확히 알아보자.

기쁠 때

각박한 현대사회에서는 기쁨이라는 감정이 예전보다는 퇴색되었다. 아이러니하게도 우리는 기쁨을 위해서 살지만 정작 기쁨이라는 감정을 잘 느끼지는 못한다.

'기쁨'이라는 감정에 대해 생각해보자. 먼저 직장에서의 대화를 통해 기쁨을 분석해보자.

> **직장에서의 대화**
> 오 과장 : 이번에 기획안 당첨됐어. 축하해.
> 홍 대리 : 감사합니다. 생각지도 못하게 돼서 너무 좋아요.
> 오 과장 : 능력 있네. 이번에 제주도 티켓도 준다던데 말이야.
> 홍 대리 : 아 그래요? 제주도 가본 지 오래됐는데 다행이네요.
> 오 과장 : 그래? 완전 좋겠네. 나도 분발해야겠네.
> 홍 대리 : 과장님은 언제든지 하실 수 있잖아요.
> 오 과장 : 아냐. 이제 머리가 녹슬었어.

홍 대리가 직장에서 기획안에 당첨이 되었다. 이를 보던 오 과장이 부러움에서 칭찬을 하고 이에 홍 대리는 '기쁨'을 느끼고 있다.

긴장에는 두 가지가 있다. 하나는 '좋은 긴장' 그리고 나머지 하나는 '나쁜 긴장'이다.

기쁨은 긴장 상태에서 도파민이라는 호르몬이 나오면서 발생하는 반응 조절의 좋은 긴장의 감정 형태이다.

오 과장이 홍 대리를 불렀을 때, 홍 대리는 '어 뭐지?'라는 긴장을 하게 된다. 그리고 그 긴장은 오 과장의 칭찬의 말에 안도로 바뀌고 기분 좋은 긴장의 형태인 기쁨으로 바뀌는 것이다.

그때 나오는 호르몬이 도파민이다. 도파민은 부신피질호르몬에서 신체에 기분 좋은 느낌을 전달해 주는 신경 전달물질이라 할 수 있다. 이러한 도파민의 영향으로 '기분 좋음'을 느끼게 되는 것이다.

그리고 그때의 감정은 기분좋은 상승곡선을 띠게 된다.

화가 날 때 ——— •

지금의 바쁜 현대인들은 긴장도가 현저히 많다. 특히 한국사회는 무엇이든 '빨리빨리.'라는 문화가 횡행하기 때문에 더욱 그렇다고 할 수 있다.

이러한 긴장은 '화'로 이어질 확률이 높다.

'화'라는 감정에 대해 생각해보자. 정류장에서의 대화에서 예를 들어보자.

> **정류장에서의 대화**
>
> 상대방 : 조금만 비켜주세요!
> 나 : 저기요. 여기 다른 사람 줄 서 있는 거 안 보이세요?
> 상대방 : 제가 급한 용무가 있어서 그래요.
> 나 : 누군 다 안 급해서 이렇게 기다리나요?
> 상대방 : 아 진짜 되게 깐깐하시네. 당신이 뭔데 가르쳐 들려고 해?
> 나 : 뭐요? 어따 대고 반말이야?

상대방이 조금만 비켜달라고 하는데, 추위에 떨고 있던 나는 그 말에 긴장이 되면서 갑자기 짜증이 일어난다. 맥박은 빨라지고 호흡이 가팔라진다.

이러한 감정을 '화'라고 한다. 화는 교감신경이 나쁜 긴장을 유발하면서 거기에 아드레날린이라는 호르몬이 분비되어 더욱 긴장을 높이는 감정이다.

즉, 신체를 보호하기 위해 더욱 긴장도를 높여서 공격성을 더하는 반응 조절형태가 바로 '화'라는 감정인 것이다. 그때의 그래프는 밑의 도식과 같이 매우 칼처럼 날카로운 형태의 직선을 띤다.

화라는 감정은 매우 극단적인 나쁜 긴장 상태의 연속으로 인해 맥박 매우 불규칙하게 빨라져서 호흡이 거칠어지게 된다.

슬플 때

살다 보면 슬플 때도 자주 있다. 그런데 이 '슬픔'이라는 감정에 대해 생각해본 적이 있는가? 어느 순간 어떤 상황에 부닥쳐 있을 때 갑자기 눈물이 흐르거나 눈물이 맺힐 때 우리는 그러한 감정을 '슬픔'이라고 한다.

다음과 같은 상황에서 슬픔에 대해 구체적으로 알아보자.

친구와의 대화

친구 : 요새 어디 아파?
나 : 아니야.
친구 : 뭐가 아니야? 아까 내가 뭐라고 해서 그래?
나 : 아니라니까!
친구 : 근데 왜 그렇게 우울해?
나 : 그냥... 지난번에 면접 본 거 떨어져서 그래...
친구 : 아... 그거 기대 많이 했었는데...

친구가 내가 우울해 있는 것을 보고 말을 건넨다. 나는 지난번에 간절히 바랐던 면접에서 고배를 마셔 우울해 하고 있다. 그런데 친구가 위로하자 갑자기 눈물이 맺힌다. 그리고 슬픔을 느낀다.

먼저 교감신경과 마찬가지로 부교감신경 역시 두 가지로 나눌 수 있다. 하나는 '좋은 부교감 신경' 그리고 나머지 하나는 '나쁜 부교감신경'이다.

부교감신경은 전에 말했던 것과 마찬가지로 이완과 관련이 있다. 그런데 우울함이라는 감정은 부교감신경으로 인해 호흡이 느려지고 이완 상태로 몸이 유지가 되지만 그 이완 상태가 지나쳐서 기운이 빠진 상태로 유지되는 것을 말한다.

그런데 지금 친구가 지쳐 있는 상태에서 다시 면접에 떨어져 있는 것을 상기해 몸의 긴장 상태가 되고 그 긴장 상태에서 맥박은 빨라지고 호흡이 불규칙해지다가 그것을 해소하기 위해 외분비선을 자극해 눈물을 맺히게 하거나 나오게 하는 것이다.

그것은 바로 신체의 항상성의 영향 때문에 원래대로 복구하려는 의지를 담은 반응이라 할 수 있다.

편안할 때

인간의 몸은 자신을 일정한 상태로 유지하기 위한 '항상성'의 작용으로 늘 긴장 상태에 놓일 수 없다. 그래서 긴장과 이완의 균형이 매우 중요한 이유이기도 하다.

사실 인간의 몸은 긴장과 이완의 연속이다. 때로는 긴장 상태에 많이 놓일 때도 있고 이완 상태에 놓일 때도 있다. 그런데 이러한 긴장과 이완 상태의 균형상태가 깨질 때 우리 몸은 적신호를 보낸다. 예를 들어, 면역력이 약해지거나 신체기능이 저하되는 그런 현상이 나타나는 것이다. 그것 또한 신체의 '내가 지금 아프니까 빨리 조치를 해!'라는 신호이기도 하다.

편안한 상태일 때를 생각해보자.

집에서의 대화

친구 : 자장면이랑 탕수육 실컷 먹었더니 배부르네.
나 : 그렇게. 간만에 배 터지게 먹었네.
친구 : (소파에 누워서) 조금만 누워서 있자. 졸리네.
나 : 나도 졸리다.
친구 : 방도 따뜻하고 배도 부르고 좋네...

친구와 음식을 먹고 소파에 기대니 편안해진다. 다시 말해, 기분 좋은 이완 상태에 놓이게 된다.

여기서 기분 좋은 이완 상태는 아세틸콜린이라는 호르몬의 작용과 함께 더욱 편안함이 배가 되는 상태이다.

아세틸콜린은 우리 몸을 더욱 이완 상태를 만들기 위해 신경전달 물질로 부신피질에서 분비되는 호르몬이다. 즉, 도파민, 아세틸콜린과 같은 호르몬은 우리 몸을 더욱 기분 좋은 상태로 만들고 아드레날린, 코르티솔과 같은 호르몬은 우리 몸을 보호하기 위한 호르몬이다.

이러한 아세틸콜린의 호르몬과 이완 상태가 맞물려 기분 좋은 이완 상태인 '편안함'을 만드는 것이다.

우울할 때

예를 들어, 우리가 휴가를 받았다고 하자. 그래서 집에서 휴식을 취하고 있다고 생각하자. 한 일주일 동안은 그래도 편안할 수 있다. 그런데 일주일이 넘고 할 일도 없게 되고 슬슬 몸과 마음이 쳐지기 시작한다.

이완 역시 두 가지 종류가 있다. 하나는 '착한 이완'이고 나머지 하나는 '나쁜 이완'이다.

착한 이완은 편안할 때 느낌처럼 '아세틸콜린'이라는 호르몬의 영향을 바탕으로 기분 좋은 이완을 만든다.

하지만 우울할 때는 늘어진 이완으로 신체는 더는 몸이 처지지 않게 포도당을 만들게 되는데 이때 생성되는 호르몬이 '코르티솔'이다.

다음의 대화를 보자.

직장에서의 대화

정 과장 : 이번엔 최 대리가 승진 명단에 없네.
최 대리 : 네. 들었어요.
정 과장 : 열심히 실적도 내고 그랬는데 그게 인사고과에 반영이 안됐나 봐.
최 대리 : 더 열심히 해야죠... 제가 능력이 부족한 건데요 뭐...
정 과장 : 너무 우울해 하지 마. 살다 보면 이런 날도 저런 날도 있으니까...
최 대리 : 네. 그래야죠...

정 과장과 최 대리가 인사에 대한 얘기를 나누고 있다. 최 대리는 승진심사에서 누락이 되었다는 보고에 낙담을 한 상태이다. 우울할 때의 감정은 점점 아래로 흘러가는 이완형태를 띠고 있다.

미안할 때

살면서 미안한 감정은 실로 많이 느끼게 한다. 그리고 느끼고 있다. 미안하다는 감정은 어떻게 형성이 될까? 먼저 반응에서 시작된다. 어떤 환경이나 대상에게 '내가 지금 잘못을 했구나.' 또는 '실수를 했구나.'라는 생각이 든다. 즉, 인지를 한다.

앞에서도 말했다시피 감정은 지각과 인지의 복합적인 과정이다. 미안한 감정은 바로 인지의 과정에서 더욱 발현한다.

미안할 때는 상대방의 말이나 행동에 긴장 상태가 되면서 인지와 더불어 생기는 감정이다.

직장에서의 대화

김 대리 : 유 진영 씨 잠깐 시간 돼?
유 사원 : 아, 네.
김 대리 : 진영 씨. 아까는 내가 조금 흥분해서 말을 했던 거 같아...
　　　　 상처 받은 거 같은데 내 본심은 그게 아니니 너무 신경 안썼으면 좋겠어... 미안해.
유 사원 : 아니에요. 제가 잘못했는데요 뭐.
김 대리 : 아무튼. 다시 잘 해보지 뭐.

김 대리가 자신의 말실수를 자각하면서 유 사원에게 사과하고 있다. 긴장 상태에서 인지 함으로써 미안한 감정은 하강곡선의 형태를 띠고 있다. 이때, 만약 상대방이 기분 좋게 사과를 받아들여 준다면 긴장이 해소되면서 다시 기분 좋은 이완 상태로 바뀔 수 있다.

즉, 미안할 때는 상대방이 어떤 예상반응을 보일지 모르기 때문에 '내가 잘못했구나.'라는 인지와 더불어 긴장 상태가 되는 형태를 보인다.

화가 날 때 역시 기분 나쁜 긴장 상태이지만 화가 날 때는 자신을 방어하기 위해 아드레날린이라는 호르몬으로 인해 팽팽한 긴장 상태를 띠지만 부분을 "미안할 때의 감정은 화가 날 때의 감정과는 달리 자신의 잘못을 인지하는 상태이기 때문에 상대방의 눈치를 보는 하향곡선의 형태를 띠는 거이다.

고마울 때 ─── •

'고마움'이라는 감정은 어떻게 느껴지는 것일까?

상대방이 어떤 말이나 행동을 했을 때, 기분 좋은 형태로 바뀌면서 발현하는 '좋은 긴장'의 반응이라 할 수 있다.

고마울 때를 생각해보자. 상대방이 어떤 행동이나 말을 할 때 이완 상태일 수도 있고 긴장 상태일 수도 있다. 상대의 말과 행동에 지각하고 그 지각에 대한 반응으로 맥박이 빨라진다. 그리고 행복을 더 배가시키는 도파민이라는 호르몬과 함께 '좋은 긴장'으로 만들어 준다.

> **가정에서의 대화**
>
> 딸 : 요새 얼굴이 홀쭉해졌네. 밥 좀 먹고 다녀.
> 아빠 : 요새 회사 때문에 정신없어. 밥 먹을 시간도 없어요.
> 딸 : 아무리 일이지만 그 전에 아빠가 다 죽게 생겼다.
>   (건네주며) 이거 먹고 해.
> 아빠 : 이게 뭐야?
> 딸 : 홍삼이랑 이것저것 몸에 좋은 것들 섞은 거야. 먹고 좀 살 좀 쪄.
> 아빠 : ...

아빠와 딸의 대화이다.

아빠가 갑자기 무언가를 건넨다. 그런데 그것은 뜻밖에도 선물이다. 딸은 감동을 받는다. 여기서의 감동이란 긴장 상태에서 마음이 벅찬 상태 즉, 기분 좋은 긴장 상태를 만들어 주는 것을 말한다.

특히, 생각지도 못했을 때 더 큰 울림을 가져다주는 감정의 형태이기도 하다. 이완 또는 긴장 상태에서 어떠한 말이나 행동 후에 맥박이 빨라지기 시작한다. 이때 도파민이라는 호르몬과 결합해서 기분이 좋게 된다.

간혹 눈물이 같이 나오는 경우도 있는데 그 이유는 긴장 상태에서 그 긴장 상태에서 맥박과 호흡이 빨라지는데 항상성 즉, 일정한 상태를 유지하기 위해 외분비선인 눈물샘에서 눈물을 배출함으로써 긴장 상태를 다시 이완 상태로 바꾸기 위함이다.

그래서 눈물은 나오면서 미소가 같이 생기는 이유이기도 하다. 즉, 내분비선인 도파민이라는 호르몬과 외분비선인 눈물샘의 역할로 인해 표출되기도 한다.

그렇기 때문에 밑의 그림과 같이 고마울 때의 감정은 상향곡선을 띠고 기분 좋은 긴장을 만들고 있다.

그리울 때

누군가를 그리워한다고 할 때는 사실 두 가지의 형태이다.

하나는 기분 좋은 그리움, 다른 하나는 기분이 가라앉는 형태의 그리움이다.

예를 들어, 생각만 해도 기분 좋게 만드는 연예인이나 아니면 곧 보게 되는 사람을 생각한다면 기분이 좋은 긴장 상태가 되어 '좋은 긴장'을 만들어 낸다. 하지만 이루어지지 못하는 관계나 대상을 생각할 때는 인지와 더불어 '나쁜 이완'을 만들어 내기도 한다.

그렇기 때문에 '그리움'이라는 감정의 형태는 두 가지의 느낌이 공존할 수 있다.

> **친구와의 대화**
>
> 나 : 요새는 어때? 좀 견딜 만해?
> 친구 : 미국에 있으니 자주 연락을 할 수 없으니, 더 답답하지 뭐...
> 나 : 그렇게. 2년이 생각보다 기네... 많이 보고 싶겠네.
> 친구 : 한국에 있을 때는 이맘때 진짜 많이 놀러 가고 그랬거든...
> 나 : 이번 가을에 또 온다고 했으니 그때까지만 참아봐. 그리고 어디로 놀러 갈지 계획도 세우고...

미국에 지내는 친구의 안부를 묻고 있다. 그러자 친구가 내가 보고 싶어 '그리움'이 샘솟는다. 이때 그리움은 보고 싶은 마음 즉, 인지에서 비롯된 반응이다. 그리고 그 반응으로 인해 호흡이 가라앉게 된다. 여기서의 느낌을 긍정적일 수도 있고 우울한 느낌일 수도 있다.

그것은 반응에 따라 다를 수 있다. 만약, 그리움이 희망적인 느낌이라면 감정의 그래프 역시 상승곡선을 띠며 기분 좋은 긴장 상태를 만들지만, 부정적이거나 절망적인 느낌이라면 우울함의 감정처럼 하향곡선을 띠며 기분 나쁜 이완 상태를 만들 수 있다.

긴장할 때

긴장을 할 때를 생각해 보자. 긴장이 만들어지는 이유는 교감신경의 영향이라고 전에도 거론했었다. 그렇다면 '왜 긴장을 할까?' 긴장하는 이유는 여러 가지가 있지만 대부분 자신을 방어하거나 보호하기 위해서이다. 즉, 항상성의 영향으로 인해 신체를 방어하기 위해서 근육이나 신경을 경직되게 만드는 것이다.

> **자기소개**
>
> 안녕하세요. 여러분.
> 저는 오늘 이 자리에서 저의 소개를 하려고 하는데요...
> 사실 제가 이런 자리가 어색해서 무슨 말을 해야 하는지...
> 걱정이 되는 데요... 일단 무슨 말이라도 해야겠죠...
> 아무튼 앞으로 잘 부탁드립니다.

위의 자기소개에서 볼 수 있다시피 발표자는 긴장을 하기 때문에 말이 어눌하게 나오거나 시선이 불안정한 특징을 보인다.

사람들을 의식하기 때문에 신체는 자신을 방어하기 위한 시스템을 가동한다. 그 시스템으로 인해 근육들이 긴장을 한다. 즉, 그 시스템이란 감정을 조절하기 위한 자율신경, 그리고 그 중에 교감신경의 영향을 받기 때문이다.

그래서 맥박이 빨라지고 호흡이 불규칙하게 되는 것이다.

밑의 그래프처럼 마치 칼날처럼 첨예하게 직선의 모양을 띠게 된다. 이때 몸을 더 방어하기 위한 시스템이 작동하게 되면 아드레날린이라는 호르몬이 분비되어 몸이 방어와 공격을 위한 준비를 하게 된다.

　이처럼 신체는 항상성에 의해 조절을 하게 되고 그 조절은 바로 자율신경의 역할이다. 그리고 자율신경 중 긴장을 유발하는 교감신경, 이완을 유발하는 부교감신경으로 인해 감정이 형성되는 것이다. 또한, 그러한 감정은 지각과 인지와 더불어 대부분 일어나게 되므로 한 가지 감정이 아니라 다양한 감정이 복합감정으로 일어나게 된다. 가령, 연인과 헤어질 때 슬프지만 웃는 이유는 지각과 반응의 과정으로 인해 눈물이 나오지만 '내가 여기서 눈물을 보이면 안 되겠다.'라는 인지의 과정으로 인해 눈물을 참고 미소를 띠는 것이다.

　길을 가다가 넘어질 때도 마찬가지이다. 지나가다가 돌부리에 걸려 넘어지게 되면 통증이 생긴다. 그리고 그 통증을 완화하기 위해 아드레날린이 분비된다. 이때까지의 감정은 지각과정에 의한 반응이지만 이후 사람들을 의식해서 아프지 않은 척을 하는 것은 인지의 과정인 것이다. 그렇기 때문에 감정은 복잡 미묘한 형태를 띠는 것이다.

　하지만 결국은 '긴장'과 '이완'이다. 긴장과 이완이 매우 섬세하고 미묘한 형태를 띠는 것을 감정이라고 하는 것이다. 이것을 잘 이해하고 인지하면 향후 감정조절과 표현에 많은 도움을 받을 수 있다.

EMOTION

EMOTION

Chapter 4
감정표현 기초

감정표현 기초

호흡과 감정 ────•

우리 인간은 끊임없이 진화해 왔다. 철학적으로도 플라톤, 아리스토텔레스, 칸트가 초석이 되고 베이컨과 로크의 경험론을 거쳐서 후설의 현상학과 인식론까지 점점 사실적이고 섬세하게 깊이를 더하고 있다.

또한 의학적인 영역도 탐구와 실험을 통해 인간 수명을 100세까지 끌어올릴 정도로 비약적인 발전을 거듭해 왔다.

그리고 과학의 비약적인 발전으로 인해 컴퓨터, 스마트폰, 로봇기술, 나노기술 등을 비롯해 이성적인 부분은 첨단을 걷고 있다. 그리고 앞으로 그러한 발전은 더욱 박차를 가할 것이다.

하지만 로봇이 이성적인 부분을 인간과 비슷하게 시스템화 할 수는 있지만, 아직까지 인간을 따라잡지 못한 부분이 있다. 그것은 바로 '감정'이다.

우리가 어떤 사물을 볼 때, 오감으로 그 사물을 느끼고 뉴런신경을 통해 중추신경으로 전달하고 다시 중추신경의 판단으로 운동신경에 명령을 내리는 과정을 '인지'라고 한다. '인지'와 유사한 의미지만, '인식'은 감각과 감정을 바탕으로 뇌에서 인지를 하는 과정을 말한다. 여기서 인식이 바로 감각과 감정을 모두 포함하는 의미로써 사용되는 것이다. 철학적으로 현상학과 인식론이 바로 그러한 과정을 깊이 다루는 학문이다.

그런데 여기서 중요한 부분은 바로 감정을 바탕으로 하는 인식이다. 이 감정이라는 인식은 후행적 즉, 감각으로 인해 수반되는 그 무엇이다.

예컨대 어떤 직장인이 길을 지나가다가 지갑을 주었다고 가정해보자.

길을 가면서 '오늘 회의 하는데 어제 보고서 마무리 잘 했겠지?'라는 생각을 하고 있다. 그런데 앞이 지갑이 떨어져 있는 것이다. 그 지갑을 보는 것을 발견이라 한다. 그리고 즉각적인 흥분을 한다. 이 즉각적인 흥분을 감정이라고 한다. 즉, 발견은 인식에 해당하고 감정은 인식으로 인한 반응에 해당한다. 그렇기 때문에 감정은 후행적이면서 즉각적이고 주관적일 수밖에 없다.

이 즉각적이면서 주관적인 감정은 뇌의 중추신경의 영향을 받는 것이 아니라, 우리 몸을 보호하고 일정한 상태를 유지하도록 간뇌와 시상하부 그리고 척수를 통해 이어지는 자율신경계의 영향을 받는다. 공이 날아올 때, 몸을 다치지 않기 위해 즉각적으로 반응하는 것, 소변이 마려울 때 바로 신호가 오는 것 등이 우리 몸의 항상성을 유지하기 위함이다.

이 자율신경에 교감신경과 부교감신경이 있는 것이다. 교감신경은 우리의 몸을 방어하기 위해 긴장을 유발하는 성질이 있고, 부교감신경은 우리의 몸을 원래대로 회귀하기 위해 이완하는 성질이 있다.

다시 길을 가다가 지갑이 떨어져 있는 것을 발견하는 상황으로 가보자.

길을 가다가 우연히 무엇을 발견했다. 이때 무언가에 대해 몸을 방어하도록 교감신경이 작동하면서 몸에 긴장을 유발한다.

반응 → 교감신경 → 긴장 → 불안정 호흡

하지만 자세히 보니 지갑이다. 긴장감은 살짝 안도감으로 바뀐다. 이러한 부분을 길항작용이라고 한다. 즉, 교감신경과 부교감신경은 서로 반대로 작용하려는 경향이 있다. 그 지갑 안에 무엇이 들어있는지를 보니 현금이 가득하다. 그 돈을 보니 가슴이 뛴다. 긴장감이 안도감으로 바뀌고 다시 설렘으로 바뀌는 과정이다. 그러면서 도파민이라는 호르몬이 나오게 되고 행복한 감정으로 바뀐다.

> 반응 → 부교감신경 → 이완 → 안정호흡

인간의 신체는 이처럼 매우 복잡 미묘한 체계를 이루고 있다. 특히, 감정과 연관이 있는 자율신경계는 최고로 복잡하면서 섬세한 시스템으로 이루어져 있다. 이러한 메커니즘과 시스템을 정확히 알고 있어야 감정을 드러낼 때와 숨길 때의 교감과 부교감신경의 역할을 이해할 수 있고 그로 인한 처세를 현명하게 할 수가 있다.

우리는 다양한 상황에서 때로는 감정을 숨겨야 할 때와 감정을 드러내야 할 때를 알고 있음에도 불구하고 감정조절을 못해서 현명하지 못하게 상황을 끌고 가는 경우가 많다.

가령, 직장에서 때로는 싫어하는 상사 앞에서 웃음을 보여야 할 때도 있음에도 감정 표현이 안돼서 애를 먹는 경우가 있다.

그리고 얘기를 하다가 화가 머리끝까지 차오르는데 얼굴이 붉으락푸르락해서 상대방에게 내 감정을 다 들키는 경우도 있다.

결국, 감정조절을 잘 하지 못하게 되면 다양한 상황에서 애를 먹기 때문에 인간관계에서 주도권을 잡지 못하는 경우가 생기게 된다.

과연 감정조절을 마음먹은 대로 할 수 있는 사람이 있을까?

감정조절이 힘든 이유는 감정자체가 외형적으로 보이는 것이 아니라 내면적인 것이기 때문이다.

그렇기 때문에 우리는 외형적으로 보일 수 있는 것을 조절하는 방법을 채택해야 한다. 바로 그러한 방법이 '호흡'이다.

먼저, 직장 상사에게 질책을 들었다고 가정해보자. 그때의 신체와 호흡의 변화를 살펴보자.

직장 상사가 "일을 그런 식으로 밖에 못해?"라는 얘기를 할 때 우리는 몸의 긴장을 느끼게 된다. 그리고 그 긴장은 불안정한 호흡을 일으킨다.

이번에는 일을 마치고 집에 들어와서 소파에 앉는 상황이라고 가정해 보자.

소파에 앉는 순간 몸의 이완이 느껴질 것이고 호흡 역시 편안하게 될 것이다.

우리가 감정이라고 하는 것은 후행적인 작용이라고 해도 과언이 아니다. 왜냐하면, 감정은 자발적으로 생기는 것이 아니라 어떤 반응을 통해 느껴지는 것이기 때문이다. 즉, 우리가 지나가다가 어떤 모서리에 부딪힌다고 생각하자. 부딪혔을 때 신경을 통해 '통증'이라는 것을 느낀다. 그리고 그 통증을 이완시키기 위해 즉, 신체의 평형상태를 위한 메커니즘이 작용한다. 이러한 메커니즘을 '항상성'이라고 얘기한다. 그리고 그 항상성은 특히 자율신경을 통해 나타날 수가 있다.

왜냐하면, 대뇌로 이어지게 되면 시간이 길어지기 때문에 신체를 바로 방어할 수 있도록 간뇌와 연수를 통해 자율신경의 지배를 받게 되는 것이다. 신체의 방어를 담당하는 자율신경이 '교감신경'이고 신체의 이완을 담당하는 자율신경이 '부교감신경'이라고 생각하면 된다.

따라서 통증을 느낄 때 우리의 몸이 스스로 방어하기 위해 교감신경이 작동하고 또한 아드레날린이라는 호르몬이 분비가 되어 긴장 상태를 유지한다. 그래서 불규칙한 호흡이 생기고 '놀람'이라든가 '화'라는 감정이 후행적으로 느껴지게 되는 것이다. 그리고 긴장 상태가 계속 유지되는 것은 신체의 항상성을 파괴할 수 있기 때문에 시간이 갈수록 부교감신경의 영향을 받아 이완을 유지하게 되고 그때 '눈물'이라는 액이 분비가 되며 우리는 이러한 감정을 '슬픔'이라고 하는 것이다.

여기서의 핵심은 감정을 통제하는 것은 어렵다는 얘기이다. 더군다나 자율신경을 스스로 지배하는 것은 불가능에 가깝다. 그렇기 때문에 우리가 파블로프의 조건반사처럼 외형적인 것을 조절해서 감정을 지배하면 되는 것이다. 그리고 그러한 외형적인 방법이 바로 '호흡'이다.

들숨의 감정

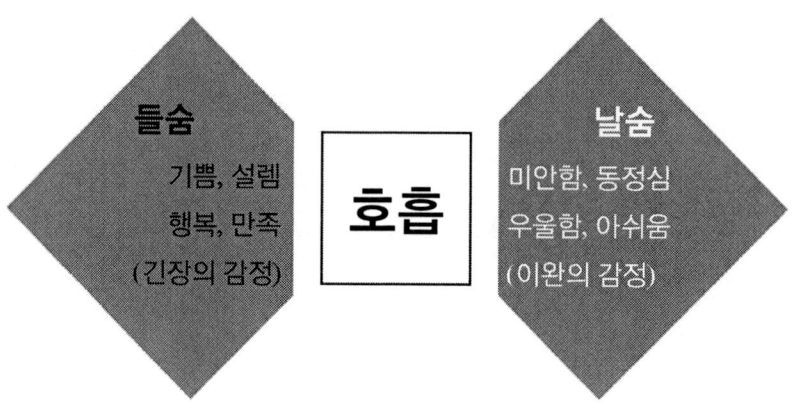

　　　　　　호흡은 들숨과 날숨으로 규정할 수 있다. 들숨은 들어 마시는 숨 그리고 날숨은 내뱉는 숨이다.

　여기서 중요한 것은 들숨은 주로 행복, 기쁨, 즐거움, 설렘 등의 긍정적 감정과 연관이 있고 날숨은 우울함, 탄식, 실망, 아쉬움 등의 부정적인 감정과 관련이 있다는 것이다.

　사람이 표현하는 감정은 대략 108가지 정도에 이른다.
　이렇게 수많은 감정들은 크게 '긍정적 감정'과 '부정적 감정'으로 나눌 수 있다.

　행복, 기쁨, 쾌락, 환희 등의 감정은 '좋은 감정'이고 짜증, 분노, 우울함,

슬픔, 오열 등은 '나쁜 감정'에 포함된다.

긍정적인 감정 즉, '행복', '기쁨', '즐거움' 등은 주로 호흡을 들이마시면 생긴다.

들숨의 감정은 주로 행복, 기쁨, 쾌락, 환희 등이 있다.

한국 사람은 행복한 표현에 서투르다. 왜냐하면, 어린 시절부터 기쁨을 표현하는 감정에 어색하기 때문이다. 그것은 유교의 교리에서 찾을 수 있다. 유교의 좋은 점도 많지만 참아야 하고 감정을 잘 표현하면 도리가 아니라는 것 때문에 감정, 특히 기쁜 감정에 서투른 부분이 많다.

'행복하다.'라는 말을 해보자. 생각보다 그 느낌을 전달하기가 어려울 것이다. '행복'이라는 말에 우리는 인색하고 또 사회가 전체적으로 행복하지 않기 때문이다.

여기서 '아.'라는 감탄사를 넣어서 '아. 행복해.'라고 말해보자. 처음보다는 '행복해'라는 말을 조금 더 마음으로 느낄 수 있을 것이다.

'행복해.'라고 할 때는 들숨을 통해 감정을 도와주는 것이 좋다.

이번에는 '즐거워.'라는 말을 해보자. 이 역시 쉽지 않을 것이다. 그래서 이번에는 '아.'라는 감탄사를 들숨을 통해 '아. 즐거워.'로 연계해서 표현을 해본다. 들숨이 감정을 자극하기에 조금 더 '즐거워.'라는 느낌이 생기기가 수월할 것이다.

호흡이 감정을 표현하는데 많은 도움을 주는 것에 대해서는 과학적으로 역학적으로 충분히 설명했다.

중요한 것은 이해를 하는 것이 아니라 표현을 하는 것이다. 그래야 다양한 상황에 맞춰 적용을 할 수 있게 된다.

날숨의 감정

부정적인 감정 '우울', '짜증', '분노', 등은 호흡을 내뱉으면 쉽게 감정이 생긴다. 특히 정적인 감정 '우울', '그리움', '불쌍함' 등은 호흡을 천천히 내뱉고, '분노'나 '짜증'은 호흡을 빠르게 내뱉으면 그러한 감정이 생긴다.

먼저 '우울하다.'라는 감정을 표현해 보자.

'우울하다.'라는 말을 내뱉어 보라. 그럼 일단 표정도 침울해지면서 톤도 가라앉게 된다. 그런데 여기에 '아..'라는 탄식을 넣어보면서 '우울하다.'라는 말을 같이 하는 것이다. 그렇게 말을 하면 '우울하다.'라는 말이 더 생생하게 전달될 수 있다.

마찬가지로 '짜증나.'라는 말을 해본다. 우리는 보통 '짜증난다.'라는 말을 하기 때문에 어렵지는 않을 것이다. 그런데 이때도 '아'라는 날숨을 통해 '짜증나.'라는 말을 결부시키면 짜증의 감정이 훨씬 더 강렬하게 느껴지고 전달이 된다.

그 이유는 바로 '호흡'에 있다. 호흡에 따라 긍정적인 감정이 나오기도 하고 부정적인 감정이 느껴지기도 하는 것이다.

따라서 우리가 억지로 미소를 짓거나 또는 웃어야 할 때는 들숨을 활용하고 화가 날 때나 기분을 가라앉힐 때는 날숨으로 감정을 지배하면 된다는 것이다.

들숨과 마찬가지로 날숨도 연습을 통해 더 생생한 감정을 표출할 수 있다.

어떤 사람은 이렇게 말하기도 한다. '나는 분명 화를 참고 있었는데 왜 들키지?'라고 말이다. 하지만 들킨다는 것은 감정이 밖으로 드러난다는 것이다. 그것은 안색을 통해, 미세한 움직임을 통해 그리고 호흡을 통해 표현된다.

그리고 상대방은 그러한 미묘한 비언어적인 표현을 감지한다는 것이다.

따라서 날숨이라는 호흡을 통해 짜증과 분노 등의 감정을 조절해야 감정 처세에 있어 능할 수 있게 된다.

감정표현 기초훈련 ──────•

> 1. 알았어 2. 됐어 3. 미안해 4. 고마워 5. 그랬구나

먼저 '알았어, 됐어, 미안해, 고마워, 그랬구나.'라는 말을 가지고 감정을 표현해 본다.

여기서 중요한 점은 '알았어.', '고마워.', '그랬구나.'는 들숨을 통한 감정표현을 '됐어.', '미안해.'는 날숨을 통한 감정표현을 해야 한다는 것이다.

처음에는 그냥 말만 해본다. 그리고 그다음은 호흡을 통해 말을 해본다. 예를 들어, '미안해.'라는 말을 할 때 처음엔 '미안해.' 자체의 의미만 담아서 얘기를 해보고 그것이 익숙해질 때, '아, 미안해.'라는 호흡을 연계해서 말을 해보는 연습을 하는 것이다.

'알았어, 됐어, 미안해, 고마워, 그랬구나.'라는 말을 가지고 본격적인 감정을 표현해 본다.

여기서 중요한 점은 '알았어.', '고마워.', '그랬구나.'는 들숨을 통한 감정표현을 '됐어.', '미안해.'는 날숨을 통한 감정표현을 해야 한다는 것이다.

먼저 '알았어.'를 가지고 감정을 표현해보자. 수긍을 하는 느낌으로 '알았어.'라는 말을 해본다. 감정을 조금 더 제대로 표현하기 위해서 들숨과 병

행해서 '알았어.'라는 말을 해본다. 그냥 호흡을 마시는 것이 아니라, 수긍의 느낌이 실려 있어야 한다.

또한, 제스처와 고개를 끄덕이는 비언어와 함께 표현하면 더욱 느낌이 배가 될 수 있다.

이번에는 '됐어.'라는 표현을 해보자. 여기서의 감정은 부정적인 느낌이 아니라 상대방이 무언가를 줄 때 조심스럽게 거절하는 감정표현이다.

먼저 말을 가지고 '됐어.'라고 표현하고 나서, 날숨과 함께 '됐어.'라고 말을 해보자. 말을 할 때와 호흡을 같이 할 때 어떻게 느낌이 달라지는지 체험하는 것이 중요하다.

다음은 '미안해.'라는 표현이다. 먼저 말로써 '미안해.'라는 느낌을 표현해 보고, 날숨과 더불어 '미안해.'라고 말을 해보자. 이때 진심을 담아서 날숨을 통해 감정의 도움을 받으면 그 효과는 배가 된다. 또한, 손짓과 더불어 비언어적인 표현을 병행할 때 미안한 감정으로 보다 수월하게 표현할 수 있다.

'고마워.'라는 말은 들숨을 활용한 감정표현이다. 특히 감사에 대한 표현에 어색해하는 사람들이 많다. 아마도 감사하다는 표현에 익숙하지 않아서 그런 감정을 밖으로 표현하는 것에 대해 낯설어 하는 경우가 대부분이다.

'고마워.'라는 말은 특히 들숨을 활용했을 때 많은 도움을 받을 수 있다.

그냥 감사의 표현은 상대방에게 아무런 느낌을 주지 못한다. 이때, 고개를 숙이면서 들숨과 더불어 감정을 표현하면 감사하다는 느낌이 훨씬 잘 전달될 수 있다.

마지막으로 '그랬구나.'라는 표현이다. 여기서의 감정은 수긍과 맞장구를 하는 느낌이다. '그랬구나.'를 말로만 할 때와 날숨을 통해 공감대를 형성하는 느낌을 비교해가면서 연습해보자. 또한, 고개를 끄덕이거나 손을 맞대며 얘기를 하면 시너지 효과가 나올 수 있다.

> 1. 정말? 2. 안 됐네 3. 아니야 4. 축하해 5. 진짜야

이번에는 '정말?', '안 됐네.', '아니야.', '축하해.', '진짜야.'라는 말을 가지고 감정표현을 해보자.

'정말?'이라는 말은 상대방의 얘기에 놀라는 느낌의 감정이다. 처음에는 그냥 '정말?'이라는 말을 가지고 가볍게 놀람의 느낌을 표현해보자. 그리고 들숨의 호흡과 함께 놀라는 감정을 표현해보면서 말로만 했을 때와 호흡과 연계했을 때 느낌이 어떻게 달라지는지 느껴보자.

'안 됐네.'라는 말은 상대방의 얘기에 동정의 느낌을 말할 때 쓰는 표현이다.

감정표현의 기초에서 중요한 것은 바로 호흡을 통한 감정표현이므로 호흡이 감정표현에 어떠한 연관성이 있는지를 스스로 체득하는 것이 핵심이라 할 수 있다.

여기서 '아니야.'의 의미는 상대방의 말을 부정하는 것보다는 겸연쩍어서 하는 말에 가깝다. 말로써 '아니야.'를 했을 때와 날숨을 실어서 '아니야.'라는 말을 했을 때의 차이점을 비교하면 많은 도움이 될 수 있다. 또한, 손짓으로 저으면서 동작의 비언어를 활용하면 효과적일 수 있다.

'축하해.'라는 말은 상대방의 어떤 소식에 맞장구를 치면서 하는 기쁨의 표현이다. 말로만 축하한다는 말을 할 때와 기쁨의 호흡인 들숨을 통해 말을 했을 때를 비교해보자. 그리고 박수를 치면서 호흡과 같이 병행하거나 양손을 들어 올려 반가움의 표시를 같이 하는 것도 도움이 될 수 있다.

'진짜야.'라는 말은 상대방이 내 말을 믿어주지 않을 때 자신의 말을 믿어달라고 확인시켜 주는 표현이다.

역시 말로만 확인시켜줄 때와 날숨을 통해 감정을 표현할 때의 느낌을 구분하는 것이 좋다. 그리고 거기에 맞는 다양한 제스처와 시선과 표정의 비언어를 활용하면 그 느낌을 보다 더 생생하게 상대방에게 전달할 수 있다.

> 1. 설마? 2. 맞아요 3. 너무해 4. 그럼요 5. 아닌데

'설마?'라는 말은 상대방의 애기를 못 믿겠다는 의미의 표현이다. 처음에는 그냥 '설마?'라는 말을 가지고 가볍게 못 미더움의 느낌을 표현해보자. 그리고 날숨의 호흡과 함께 불신의 감정을 표현해보면서 말로만 했을 때와 호흡과 연동했을 때 느낌이 어떻게 달라지는지 관찰해 보는 것이 좋다.

'맞아요.'라는 말은 상대방의 애기에 동의를 할 때 쓰는 표현이다.
그렇다면 호흡은? 여기서의 호흡은 들숨이다. 맞장구를 칠 때는 호흡을 들이마시기 때문이다. 말로만 했을 때와 호흡을 들이마시면서 했을 때의 느낌을 비교해보자.
'너무해.'라는 표현은 상대방의 말에 서운함을 느껴서 하는 말이다. 먼저 '너무해.'라고 말을 해보고 날숨을 통해 서운함을 표현하면서 말을 같이 병행하면 '너무해.'라는 말이 더 잘 전달이 될 수 있다.

'그럼요.'라는 말은 상대방의 말에 동의를 하면서 맞장구를 치는 표현이다. 말로만 동의를 할 때와 기쁨의 호흡인 들숨을 통해 말을 했을 때를 비교해보자. 그리고 박수를 치면서 호흡과 같이 병행하는 것도 도움이 될 수 있다.

'아닌데.'라는 말은 상대방의 말이나 의견을 부정하는 표현이다. 여기서의 호흡은 날숨이다. 날숨의 호흡과 더불어 말과 같이 병행해서 느낌을 표현해보자. 그리고 고개를 젓거나 손짓과 같은 비언어를 병행해보자.

들숨의 감정은 주로 긍정적인 감정이거나 흥분의 표현인 반면, 날숨의 감정은 부정적인 감정이거나 차분한 느낌의 표현이 주가 된다.

이러한 점도 유념해서 연습을 하면 더욱 효과적인 훈련이 될 수 있을 것이다.

> 1. 그런 것 같아 2. 그럼 3. 오해야 4. 이해해 5. 거짓말

'그런 것 같아.'라는 말은 상대방의 얘기에 확실하지는 않지만 동의를 하는 표현이다. 처음에는 그냥 '그런 것 같아.'라는 말을 가지고 가볍게 동의의 느낌을 표현해보자. 그리고 들숨의 호흡과 함께 동의의 감정을 표현해보면서 말로만 했을 때와 호흡과 병행했을 때 느낌을 생각해보자. 또한, 들숨을 활용하는 감정은 대부분 긍정적인 느낌이기 때문에 미소와 더불어서 표현하면 효과적인 비언어가 될 수 있다.

'그럼.'라는 말은 상대방의 얘기에 동정의 느낌을 말할 때 쓰는 표현이다. 여기서의 호흡은 들숨일까? 날숨일까? 그렇다. '들숨'이다. 들숨을 통

해서 '그럼.'이라는 표현을 하면 훨씬 더 수월한 느낌의 동의를 표현할 수 있다. 또한, 고개를 끄덕이는 비언어적인 표현은 동의를 구하는 데 있어 도움을 배가시킬 수 있다.

감정표현을 할 때 생각해야 할 부분이 바로 호흡이기 때문에 호흡을 염두에 두면서 훈련을 하는 것이 중요하다.

다음은 '오해야.'이다. 여기서 '오해야.'의 의미는 상대방의 말을 반박하기 보다는 잘못된 인식을 풀어주는 말에 가깝다. 말로써 '오해야.'를 했을 때와 날숨을 실어서 '오해야.'라는 말을 했을 때의 차이점을 비교하면 많은 도움이 될 수 있다. 또한, 손짓과 머리를 젓는 동작의 비언어를 활용하면 효과적일 수 있다.

'이해해.'라는 말은 상대방의 어떤 말에 동조를 하는 표현이다. 말로만 동조한다는 말을 할 때와 날숨을 통해 동의를 했을 때를 비교해보자.

'거짓말.'이라는 말은 상대방이 어떤 말을 했을 때 못 미더워할 때 하는 말이다. 날숨을 통해서 불신의 느낌을 더 해보자. 여기서의 '거짓말.'이라는 말은 강한 불신이 아니라 약간 농담조의 느낌이기 때문에 앞에 감탄사 '에이.'라는 말을 더하면 효과가 배가 될 수 있다.

> 1. 이해해 줘 2. 용서할게 3. 그만해 4. 웃기지마 5. 이런

'이해해 줘.'라는 말은 상대방에게 자신의 감정을 호소하여 이해를 구하는 감정이다. 먼저 단순하게 '이해해 줘.'라는 말을 가지고 이해를 구해보자. 그리고 날숨의 호흡과 함께 차분히 감성적으로 상대방을 설득해보자. 진심 어린 눈빛과 고갯짓을 더 한다면 더 풍부한 느낌을 전달할 수 있다.

'용서할게.'라는 말은 상대방의 사과를 받아들일 때 쓰는 감정의 표현이다. 날숨을 통해서 차분한 용서의 감정을 전달해보자.

여기서 '그만해.'의 의미는 상대방의 말에 강한 반박을 하는 느낌보다는 부드럽게 상대의 말을 제지하는 표현이다. 날숨을 통해서 상대방의 말을 부드럽게 제지해보자. 이때, 부드러운 시선과 고갯짓을 통한 비언어적 표현을 동원한다면 더욱 효과적일 수 있다.

'웃기지마.'라는 표현은 상대방의 말에 장난하지 말라고 부드럽게 핀잔을 주는 느낌이다. 말로만할 때와 날숨을 활용해 '웃기지마.'라는 표현을 할 때 어떻게 느낌이 달라지는지를 체험해보자. 손을 흔들면서 비언어적인 표현을 동반하는 것도 좋은 방법일 것이다.

'이런.'이라는 말은 상대방의 말이나 사연에 안타까움을 표시하는 감탄

사이다. 여기서의 호흡은 차분한 감정이기에 당연히 날숨이 된다. '이런.' 이라는 말을 할 때와 호흡을 활용해서 '이런.'이라는 말을 할 때 어떠한 느낌이 있는지 비교해보자. 그리고 고개를 떨어뜨리거나 힘을 빼면서 감정을 표현하면 더욱 느낌이 잘 전달될 수 있다.

이처럼 말로 감정을 표현할 때와 호흡을 동원할 때 감정의 느낌이 달라지는 것을 체득하는 것이 중요한 포인트이다. 그리고 다른 비언어적인 표현을 활용할 때의 느낌은 더 생생해질 수 있다는 부분도 중요하다.

이러한 기본적인 감정표현을 토대로 조금 더 다양한 감정을 표현할 수 있는 계기를 마련해보자. 처음엔 어색할 수 있지만, 자꾸 연습을 해보다 보면 어느새 자연스럽게 체득할 수가 있기 때문에 한꺼번에 많은 연습을 하는 것보다는 천천히 그리고 꾸준하게 훈련을 하는 것이 좋다.

Chapter 5

감정표현 훈련

감정표현 훈련

대사를 통한 감정표현 ———•

　　　　　　　우리는 배우가 되려는 것이 아니다. 배우가 되려면 체계적으로 연기에 대한 이론과 분석, 감정표현과 움직임 등, 다양한 부분에서 심층적으로 접근해야 한다.

　하지만 여기서 대사를 활용하는 이유는 평소에 감정표현이 어색하고 낯선 부분이 있기 때문에 연습과 훈련으로 익숙할 수 있도록 습관을 만드는 것이다.

　처음에는 어색하고 낯설 수 있지만, 하다보면 다양한 상황에 맞춰 감정을 표현하기도 조절하기도 할 수 있는 노하우가 생길 수 있다.

　특히, 호흡을 통해 감정을 조절하는 방법을 대사를 활용해 훈련해야 한다.

먼저 기본적인 대사를 가지고 감정과 호흡 연습을 해보자.

> 이제 좀 그만해. (냉정하게)
> 넌 언제나 네 생각만 얘기했잖아. (강조하며)
> 네가 한번이라도 남의 생각이나 의견을 들어본 적 있어? (따지며)
> 그러니까 너랑 대화가 잘 안 되는 거야. (답답해서)
> 남 탓만 하지 말고 네 자신을 돌아봐. (차분하게)

TIP

상대방이 고집을 피워 대화가 되지 않자 답답해서 얘기하는 부분이다. 자꾸 자신의 얘기만 일방적으로 하고 자신의 얘기는 경청하지 않자 화가 난다. 견디다 못해 '그만해!'라는 부분을 단호하게 말한다. 그러다 화가 나서 '네가 남의 생각이나 의견을 들어본 적 있어?' 하면서 따진다. 하지만 자신이 흥분했다는 것을 깨닫고 다시 차분하게 얘기를 한다. 여기서의 중요한 포인트는 화가 났을 때 제어를 하는 날숨의 호흡이다. 이러한 호흡을 대사를 통해 연습하는 것이 중요하다.

> 조금만 더 생각을 해보자. (부드럽게)
> 너무 안좋은 쪽으로만 생각할 필요는 없어. (다독이며)
> 어차피 다시 기회는 와. 그러니 조금만 긍정적으로 생각하자. (힘을 실어주며)
> 지금 이렇게 불안해 한다고 달라질 건 아무것도 없어. (강하게)
> 그러니 침착하게 생각하자. 알았지? (웃으며)

TIP

상대방이 어떤 일 때문에 좌절해서 기가 죽어있자 기운 내라며 다독여주는 상황이다. 처음에는 안쓰러워 다독여주다가 상대방이 너무 침울해있자 기운을 내라며 희망적으로 웃으면서 부드럽게 얘기한다. 여기서의 포인트는 자신도 안쓰럽지만 미소를 띠며 얘기를 하는 것이다. 미소를 지을 때는 들숨의 호흡을 통해 감정을 조절해야 한다. 사회생활이나 대인관계를 맺을 때 미소를 띠어야 하는 상황이 많으므로 그런 점을 유념해서 연습하는 것이 좋다.

고민을 털어 놓는 거야. (반응) (부드럽게)
헝클어지게 흐트러 버리는 거야. (답답해서)
고민이라는 놈은, 병아리, 비둘기, 철새 같은 놈이라서, (반응) (차분하게)
흐트려뜨려야 해. (강하게) 그래야 저희들끼리 삐약 삐약. 구구구, 짹짹짹 모여
들고, 줄을 서고, 내려 앉는 거야. (답답해서) 안그래? (반응) (침착하게)

TIP

상대방이 생각이 많은 것 같아서 생각을 떨쳐버리고 단순하게 생각하라고 조언하는 상황이다. 처음에는 차분히 구슬리면서 얘기한다. 하지만 상대방이 달라지지 않자 답답해서 얘기한다. 그리고 '고민이라는 놈은 병아리. 비둘기.. 부분부터 다시 답답함을 억누르고 차분하게 얘기한다. 하지만 아직도 고민하는 상대방을 보자 답답하다. 이 상황에서의 감정은 상대방의 반응에 따라 처음에는 차분하게 그러다가 점점 답답해지는 것이다. 특히, 답답할 때 호흡을 날숨으로 차분히 내뱉으면서 화를 제어하는 표현이 중요하다.

생각을 좀 해 봐! (반응) (답답해서)
머리를 쪼개 보란 말이야. (강조하며)
나는 너의 과거를 알 수도 없고 미래에 대해서 말해줄 수 없어, (냉정하게)
오직 너만 너의 과거든 미래든 책임 질 수 있는 거야. (강하게)
제발 좀 징징거리지마. (반응) (짜증나서)

TIP

상대방이 좌절을 하거나 현실에서 징징거리는 상황이다. 말하는 이는 상대방이 애처럼 구니까 처음에는 답답해서 얘기하다가 진정시키며 다시 차분하게 얘기한다. 그럼에도 불구하고 상대방이 진정을 하지 않자 다시 짜증을 낸다. 특히, 짜증이 나거나 답답할 때 호흡을 가라앉히는 표현을 하는 것이 중요하다.

됐다. 됐어. 풀렸으면 된 거야. (반응) (다독이며)
더 살아봐. (반응) (부드럽게)
언덕을 피해 돌아가면 더 큰 산이 기다리고 있을지도 몰라. (반응) (차분하게)
지금처럼 두 손 꼭 잡고 힘차게 가는 거야. (반응) (강하게)
행복이 별거냐? (웃으며)
이게 바로 행복이지. (털털하게)

TIP

상대방이 어떤 일에 실망을 해서 다독이는 상황이다. 처음엔 다독이며 차분하게 '인생이라는 것이 새옹지마'라는 것을 얘기해준다. 그리고 점차적으로 희망과 긍정의 힘을 불러 넣어준다. 특히, 들숨을 통해 미소를 띠며 얘기하는 것을 연습해 보자.

우리를 지켜보고 있었던 거야? (놀라며)
내 말은 나를 지켜보고 있었느냐구. (차분하게)
그러고도 넌 아무 말도 하지 않다니. (답답해서)
한 마디 해줬어야지. 그래야 되는 거 아냐? (강하게)
넌 나를 시험 한 거야. (비웃으며)
그건 지독한 시련이었어. (차분하게)

TIP

상대방이 자신의 상황에 수수방관 하는 모습에 화가 나서 하는 말이다. 화가 나지만 차분하고 이성적으로 얘기하려고 하나 화가 점점 치밀어 올라 감정 조절이 잘 안 되고 있다. 화가 났을 때 날숨으로 호흡을 조정하며 감정을 조절하는 연습을 해보자. 또한, 제스처와 손동작으로 답답함으로 얘기하는 표현을 병행하면 더욱 감정을 표현하는 데 도움이 될 것이다.

내가 말하지만 내가 참을 수 있는데는 한계가 있어. (참으며)
난 그 동안 충분히 너를 위해서 봉사했어. (침착하게)
그런 나보고 다시 그 곳으로 가라고? (황당해서)
그 진흙 속으로 가란 말이야? (강하게)
이젠 네가 갈 차례야. (침착하게)

TIP

상대방에게 당한 만큼 돌려주는 상황이다. 상대방을 위해서 열심히 봉사하고 일을 했는데 그것을 오히려 더 이용하려고 하는 상대방에게 신물을 느끼는 감정이다. 화가 나지만 억지로 미소를 지으며 감정을 자제하고 있다. 미소를 지을 때는 들숨을 활용해서 감정을 조절해보자. 그리고 점점 화가 날수록 날숨을 통해서 감정을 자제해보자. 화가 날 때는 심호흡을 자연스럽게 하는 것이 중요하다. 자신의 감정을 상대방에게 들키지 않는 범위 내에서 날숨으로 조절해야 한다.

그 사람은 아주 이기적이였어. (차분히)
사랑하는 동안은 문제가 없었지. 모든게 순조로웠어. (침착하게)
하지만 막상 내가 내 자신을 찾고 내 삶의 중심이 되기를 원했을 때 (화가 치밀어)
그는 나를 전혀 도와주지 않았어. 그래서 갈라선 거야. (자제하며)
어머니가 아이들을 가지게 되면 남자에게 더 이상 관심을 안 주는건 (강조하며)
자연적인 거야. 자손이 우선이 되거든. (털털하게)

TIP

남자의 이기적인 행태에 답답함과 서운함을 얘기하는 부분이다. 처음에는 침착하게 자신의 과거를 얘기한다. 과거를 얘기하다가 점점 남자의 이기적인 행동이 떠오르고 그 행동은 화와 서운함을 자극한다. 그러한 감정이 올라올 때 날숨을 통해서 스스로 감정을 다스리는 연습을 하는 것이 이 대사의 포인트이다.

> 전 남자들의 서글서글한 눈매가 좋아요. (웃으며)
> 몸에 난 털, 큼직한 다리도 좋아요. (부드럽게)
> 그리고 남자들에겐 여자를 매혹하는 특별한 기관이 있어요. (차분하게)
> 두드러진 목젖 말이에요. 그런 남자들이 저한테 말을 걸어오는 순간 (강하게)
> 전 떨리기부터 해요. 지금 가서 닭을 끓일게요. 당장 끓일게요. 당장. (강조하며)
> 다음 번엔 치즈가 든 수프를 만들어 드릴까요. (웃으며)

TIP

남자가 맘에 들어 유혹하는 장면이다. 상대방을 유혹하기 위해 부드럽게 얘기를 하며 칭찬을 한다. 그리고 상대방의 기분을 좋게 하며 요리 실력을 자랑한다. 칭찬을 할 때 들숨을 통해 감정표현을 한다. 또한, 상대방의 반응으로 보며 부드럽게 말을 한다. 상대방을 유혹하기 위해 미소를 지을 때는 들숨을 통해서 감정표현을 해야 한다. 즉, 이 대사의 포인트는 들숨을 통해서 칭찬과 유혹을 하는 것이다.

가벼운 대사를 가지고 들숨과 날숨을 통해 감정표현 연습을 해보았다. 안 되는 부분이 있으면 다시 한 번 연습을 해보길 권장한다. 왜냐하면, 배우들이 아니기 때문에 다양한 감정을 표현하는 데에는 제약이 있을 수 있고 어색한 부분이 있을 수 있다. 그 어색함을 가벼운 연습을 통해서 익숙함으로 바꾸는 것이 중요하기 때문이다.

남자 연극대사

다음은 남자 연극대사이다. 실제 대사를 가지고 감정 연습을 해보면 더욱 감정 표현 연습을 하는 데 도움을 받을 수 있다.

조금은 어색하고 낯설겠지만, 특히 감정 표현이 어색하거나 서툰 사람의 경우 많은 도움이 될 수 있다.

감정 표현과 더불어 감정을 표현할 때 들숨과 날숨의 호흡에 신경을 써서 연습해보자.

> 『시련』중, 덴포스
>
> 얘들아, (엄중하게) 법은 거짓 증언을 하는 사람도 또한 벌한다.
> 그건 그렇고 (떠본다) 어쩌면 이 조서가 우릴 속이기 위해 위조된건지도 모르겠다.
> 또 메어리 워렌이 악마의 꾀임에 빠져서 (반응) (강조) 우리로 하여금 신성한 목적을 져버리게 하기 위해 쓴 건지도 모르겠다. (단호히) 만약에 그렇다면 (차분히 경고) 저 앤 벌로서 목을 잘릴 게다. (강하게) 그러나 저 애의 말이 사실이라면 (반응) 너희들은 (부드럽게) 당장 그 가면을 벗고서 거짓말했음을 솔직하게 고백해야 한다. (단호하게) 고백은 빨리 하면 할수록 너희들한테 이러운 거니까. (위압적으로) (반응) (사이) 아비게일 윌리엄즈, (부드럽게) 일어나거라. (아비게일은 천천히 일어난다)

●●● 줄거리

연극 '시련'의 한 장면이다. 줄거리는 다음과 같다. 692년 메사츄세츠 주의 세일럼 마을에서 어른들이 경건하고 도덕적인 종교적 생활에 짓눌린 10대 소녀들이 벌거벗은 채 춤을 추며 악마의 의식을 거행한다. 친구들과 함께 춤을 추었던 패리스 목사의 딸인 베티가 쓰러지면서 사람들은 베티에게 악마가 들었다고 몰아세우기 시작한다. 베티의 친구인 애비게일은 가정을 꾸리고 있는 농부 프락터와의 육체적 욕망에 사로잡혀 그의 부인 엘리자베스를 죽이려는 충동에 빠진다. 사람들에게 춤추는 모습을 들킨 소녀들은 자신들의 끔찍한 행동에 악마가 찾아들었다고 거짓을 고백하게 되고, 마을을 온통 마법과 악마에 관한 아우성으로 떠들썩하게 만든다. 소녀들의 집단 광란에 의해 세일럼의 사람들은 마녀재판이라는 이름으로 하나 둘 교수대의 희생자로 사라지지만, 프락터 부인을 향한 아비게일의 증오심은 식을 줄을 모른다. 소녀들의 거짓과 권력자의 위선에서 비롯된 세일럼의 마녀 재판은 종교의 중압감이 더해지면서 극도의 혼란으로 치닫게 되고, 진실을 밝히고자 하던 프락터는 끝내 순교자의 길을 선택한다.

> **tip** 지금 이 부분은 덴포스라는 주지사이자 판사가 객관적으로 범인을 취조하는 장면이다. 특히, 짜증이 나거나 답답할 때 호흡을 가라앉히는 표현을 하는 것이 중요하다. 범인이 누구인지를 알아내기 위해 누가 거짓말을 하는지를 평정심을 유지하며 얘기한다. 여기서의 포인트는 평정심을 유지할 때 날숨을 내뱉는 것이다. 날숨 연습을 하면서 포커페이스를 유지하는 감정표현 연습을 해보자.

『벚꽃동산』중, 로빠힌

그 자가 사만 오천을 불렀고, 난 오만 오천으로 응수했어요. (해명하며)
이렇게 그 자는 오천씩 올려가는데, 나는 일만씩 올렸죠... (반응)
마침내 끝이 났어요. (강조) 부개 위에 구만을 불렀더니.
결국 내게로 낙찰 되었어요. (사람들 싸늘한 반응) (무시하듯 기뻐하며)
이 벚꽃 동산은 이제 제 거예요! (시위하듯이) 제 거라구요! (반응)
(호탕하게 웃어댄다) (강조) 오오, 하나님, 벚끄초 동산이 이제 내 거예요.(반응)
제가 (무시) 술에 취해 미쳐 버렸다고 해도 좋고, 제가 꿈을 꾸고 있다고 해도 좋아요.. (반응) (설움에 차서) 그러나 저를 비웃지는 말아 주세요!

●●● 줄거리

연극 '벚꽃동산'의 한 장면이다. 줄거리는 다음과 같다. 벚꽃동산의 여지주 라네프스카야는 파리에서 생활하다가 다시 자신의 고향인 아름다운 벚꽃동산으로 돌아온다. 하지만 그 아름다운 벚꽃동산은 빚더미에 올라 이자를 갚지 않으면 경매로 처분되어야 하는 상황. 신흥재벌 로빠힌은 라네프스카야를 위해 벚꽃동산을 별장지로 임대하라고 설득하지만, 라네프스카야와 그녀의 오빠 가예프는 그들의 과거와 추억이 서린 공간을 임대하는 것을 내켜하지 않고, 로빠힌의 제안을 계속해서 무시한다. 시대의 변화에 발맞출 것을 요구하는 로빠힌의 요구에도 과거의 아름답고 행복한 시간에만 머물러있고 싶은 라네프스카야의 향수어린 생각에 결국 별장은 경매로 넘어가게 된다. 경매로 벚꽃동산을 낙찰 받은 로빠힌은 새로운 영지의 주인이 되어 임대사업을 벌려나가고, 라네프스카야를 비롯한 나머지 가족들은 각자의 인생을 위해 새로운 출발을 한다. 그리고 별장을 지키던 피르스 노인은 추억에 젖으며 의자에서 마지막을 맞이한다.

> tip 신흥재벌 로빠힌이 경매에서 벚꽃동산을 사서 기뻐하는 부분이다. 처음에는 왜 경매에서 자신이 낙찰을 할 수밖에 없는지 그 당위성을 피력하지만, 아무도 로빠힌의 얘기를 듣지 않는다. 하지만 이에 굴하지 않고 자신이 이 벚꽃동산의 주인임에 기뻐한다. 여기서의 포인트는 사람들이 인정하지 않아 서운하지만 이에 굴하지 않고 기뻐하는 것이다. 특히, 사람들의 반응에 개의치 않고 들숨의 호흡으로 기쁨을 표현하는 것이다. 들숨으로 기쁨의 표현 연습을 해보자.

『밤으로의 긴 여로』중, 에드먼드

(표정이 다시 굳어지며) 거짓말 마세요. 아버진 그 말을 믿으세요? (따지며)
아버진 결국 제가 죽으리라고 생각하시죠? (더욱 신랄하게) (반응) 그러니까 돈만 낭비라고요. (강하게) 절 주립 요양소에다가 넣는 것도 그래서죠... 돈 때문이겠죠! (강조) 그것도 무료거나, 아니면 거의 무료일 테죠. (비꼬며) 힐 타운 요양원이 주립병원이라는걸 아버지가 모르신다고요? (반응) (강조) 거짓말 마세요, 형 말이 맞았어요. 의사한테 또 울상이 돼서 (강조) 양로원 얘기를 꺼내실 거라고 그랬어요. 결국 형이 의사한테서 (설움에 복받쳐) 그게 사실이라는걸 알아냈거든요. 주립요양소인 것만은 틀림없죠? (비꼬며)

●●● 줄거리

실화를 바탕으로 한 이야기의 내용은 다음과 같다. 아버지 티론과 어머니 메리는 결혼을 해서 첫째 제이미를 낳고, 둘째 아이 유진의 죽음으로 이 가정의 불행한 여정이 시작된다. 티론은 어린 시절 가난 때문에 돈에 대한 집착으로 비롯된 인색한 모습을 보인다.

그는 배우라는 직업 때문에 가정에서 자신의 몫을 제대로 할 수 없었다. 그 몫을 첫째 아들, 당시 7살이었던 제이미가 대신하게 된다. 제이미는 오이디푸스 콤플렉스 현상을 제대로 극복해 내지 못하고 유진의 방에 들어가 홍역을 옮기고, 유진은 죽음에 이른다. 그 이후 메리는 줄곧 제이미를 미워해 왔다. 애정결핍과 인정받지 못하는 장남의 모습은 그를 매춘부의 집으로 향하게 하고, 제이미는 그곳에서 애정결핍을 해소 하려고 한다. 메리는 유진의 죽음으로 고통을 겪는 중에 돌팔이 의사를 접하게 된다. 하지만 의사는 일시적인 해결책으로 모르핀을 주게 되고 결국 메리는 모르핀 중독에 빠지게 된다. 메리는 현실의 고통을 모르핀을 통해 도피하고자 한다. 메리의 모르핀 중독이 심해질수록 메리의 행복했던 과거의 기억이 선명해진다. 메리는 유진의 죽음으로 인한 죄책감에서 벗어나고자 에드먼드(셋째아들)를 낳게 된다. 하지만 병을 가지고 돌아온 에드먼드로 인해 다시 그녀의 원죄가 상기되면서 고통을 받게 된다. 그녀는 자신의 원죄에 대한 잘못을 회개하게 된다. 메리는 자신의 죄책감에서 자유로워지게 되고, 마침내 평안을 얻는다. 메리를 제외한 나머지 가족들은 메리의 마약 중독으로 인해 자신들의 과거에 대한 솔직한 얘기들을 하면서 원죄에 대한 인식을 하고 참회를 하게 되며 이야기는 막을 내린다.

> **tip** 연극 '밤으로의 긴 여로' 중에서 에드먼드가 아버지의 인색한 성격으로 인해 답답해서 화를 내는 장면이다. 자신이 병에 걸려 치료를 받아야 함에도 불구하고 아버지가 돈을 아끼기 위해서 주립요양소에서 치료를 받게 하려는 태도에 대해 분개한다. 화가 날 때 감정을 날숨으로 다스리는 훈련을 해보자. 특히, 답답함을 얘기할 때의 날숨과 함께 감정을 조절하고 통제를 하는 연습이 중요하다.

남자 영화대사

다음은 남자 영화대사를 가지고 감정표현 훈련을 해보자.

『건축학개론』중, 납득이

일단 소주 한병을 사. 그리고 걔네 집 앞에 가는거야. 가서 소주를 병나발로 딱! 불고.. (천천히)전 화를 해. 받잖아? 그럼 딱! (여유있게)집 앞이다. 잠깐 나와. (단호히) 그리고 그냥 딱! 끊어. 그냥. 그냥 끊어. (아는 듯이) 그럼 그사람이 궁금하게 돼있어. 갑자기 왜?(궁금해서)이러면서 나오게 돼있어. (강조) 근데 너한테 술 냄새가 팍 날 꺼 아니야.(확신에 차서) 그럼 일단 쫀다고, (되물으며) 납득이 안 되잖아? (궁금해서) 갑자기 와서 술 냄새. 뭐지 이거. 낯선데.. (과감히) 그때. 딱 다가가, 딱 다가가, 그럼 걔가 첨엔 무서우니까.. (여유있게) 뒤로 슬슬 물러난다고. 그러다가 벽에 딱 부딪히잖아. 그럼 딱! (천천히) 아무 말도 않고 돌아가. 절대 뒤 돌아보면 안돼.

●●● 줄거리

영화의 내용은 다음과 같다. 생기 넘치지만 숫기 없던 스무 살, 건축학과 승민은 건축학개론 수업에서 처음 만난 음대생 서연에게 반한다. 함께 숙제를 하게 되면서 차츰 마음을 열고 친해지지만, 자신의 마음을 표현하는데 서툰 순진한 승민은 입 밖에 낼 수 없었던 고백을 마음속에 품은 채 작은 오해로 인해 서연과 멀어지게 된다. 그리고 '다시 사랑할 수 있을까?'라는 생각을 한다. 15년 만에 그녀를 다시 만났다. 서른다섯의 건축가가 된 승민 앞에 15년 만에 불쑥 나타난 서연. 당황스러움을 감추지 못하는 승민에게 서연은 자신을 위한 집을 설계해달라고 한다.

자신의 이름을 건 첫 작품으로 서연의 집을 짓게 된 승민, 함께 집을 완성해 가는 동안 어쩌면 사랑이었을지 모를 그때의 기억이 되살아나 두 사람 사이에 새로운 감정이 쌓이기 시작하지만 결국 이루어지지 못한 기억의 습작이 되고 만다.

참조 - 네이버 영화

tip 영화 '건축학 개론'에서 동네 노는 삼수생 납득이가 연애에 어설픈 순진한 대학생 승민이에게 연애기술을 말해주는 장면이다. 연애에 밀고 당기기가 중요하다며 다양한 방법으로 연애기술을 알려준다. 때로는 과감하게 때로는 여운을 남기는 방법을 얘기하는데 자신감 넘치는 감정으로 표현한다. 특히, 들숨과 날숨을 섞어가면서 과감하게 말을 할 때는 들숨을 통해 흥분을 침착하게 말을 할 때는 날숨을 통한 감정을 표현하는 것이 중요하다.

『비스티 보이즈』중. 재현

야, 자 아이구 멋있다. (후응유도) 마지막 사람 문닫고, (매너있게) 자, 선수들 인사! (주위환기) 소개 할께요. 자, 웃긴 놈을 원하면 1번, (강조) 웃긴놈 1번, 자 2번은 (자랑하며) 우리 영화배우 스타일, 헐리웃 스타일, (강조) 올란도 볼륨, 근데 좀 태국식, (깍아 내리며) 사천식, 광동식, 약간 그런 필, (호응) 중국계 올란도 볼륨은 3번, 자 뭐 4번은 (생각) 그냥 뭐, 미친놈? (무시) 에이 미친놈!

●●● 줄거리

이야기의 배경은 호스트바이다. 호스트바의 리더 재현(하정우 분)겉으로는 폼생폼사, 실상은 빚더미에 시달려 동생과 여자 친구들에게 돈을 빌리러 구걸하는 바닥인생의 허세를 보여주는 인물이다. 가진 것은 오로지 화려한 입담과 거짓말. 두 가지 무기로 위기를 넘기면서 근근이 살아간다. 반면 청담동 최고의 호스트 승우(윤계상 분)남부러울 것 없이 좋은 차를 타고, 마음만 먹으면 어느 여성이든 사귈 수 있는 매력을 지닌 남자다. 그러나 어느 날 손님으로 온 지원(윤진서 분)빠져 당당했던 모습은 사라지고 점점 집착하게 되는 자신을 보면서 감정을 주체할 수 없게 된다. 그리고 재현은 점점 돈이 없어서 궁핍한 생활을 하게 되며 온갖 거짓말과 권모술수로 여자에게 돈을 빌린다. 결국 두 남자와 여자 모두 희망이 보이지 않은 상태가 되고 만다.

참조 - 네이버 영화

> **tip** 영화 '비스티 보이즈' 중에서 재현이 여자들에게 남자를 소개해 주는 장면이다. 다양한 특징의 남자들을 재미있게 소개해 준다. 영화는 사실적인 표현을 위해 호스트바라는 장소를 활용하지만 여기서는 재미있게 설명을 해주는 사회자로서의 역할에 충실하자. 때로는 강조를 하면서 때로는 은근하게 설명을 한다. 사람마다의 특징을 생동감 있게 표현해 보자. 특히, 강조를 할 때는 들숨을 은근하고 비밀스럽게 설명을 할 때는 날숨을 통해 감정을 표현해 보자.

> 『킹콩을 들다』중. 지붕
>
> (계곡, 낮, 산세가 수려한 계곡을 따라 카메라 내려오면 개울가에서 고기를 구워 먹고 있는 역도부원과 지붕이 보인다. 지붕, 주머니에서 통장을 꺼낸다. 아이들에게 각각 통장 하나씩 나눠주는 지붕,) 지원금 들어온 거다! (무심하게) (통장을 열어보는 선미에게) 잘 모이면 대학 등록금 정도는 모을 수 있을 거야. (툭 던지며) (선미, 울먹-애들아 고마워) 너희들 딴 짓하면 알지? 잔고 확인 한다. (웃으며) 이 세상 어떤 훌륭한 기술도 그걸 해야 될 이유가 없다면 아무 소용이 없는 거다. (차분하게) 동기제공! 성공에는 강력한 동기가 필요한 거야. (강조) 민희 니가 그걸 보여준 거야. (따뜻하게)

●●● 줄거리

영화의 이야기는 다음과 같다. 1988년 올림픽에서 역도부 동메달리스트였던 이지봉(이범수)는 자신의 무게보다 훨씬 무거운 역기를 들다 뒤로 넘어져 머리와 심장 부분에 큰 부상을 입었다. 그 후로 이지봉은 선수 활동을 그만두게 되고 홀로 지내다가 시골 여중 교장 선생님에 의해 그 학교의 역도부 선생님으로 선임이 되었다. 하지만 신기하게도 역도부에는 힘이 센 남자들이 아닌 연약한 여자들만 있는 것이었다. 역도부 선생님이 된 이지봉(이범수)은 간단한 몸 풀기부터 시작하여 훈련의 반복을 더 해 점차 강도 높은 훈련을 수행하게 하였다. 하지만 그러한 노력에도 불구하고 역도 대회에 처음 나간 선수들은 그 누구도 역기를 들지 못하여 창피만 당하고 예선 탈락하여 다시 훈련을 시작하였다. 계속 훈련에 훈련을 거듭하던 어느 날, 그들은 마침내 역기를 들 수 있게 되었다. 역기를 드는 노하우와 호흡 순서 등을 자세히 익힌 선수들은 다음 대회에 또 다시 출전하게 되었다. 이지봉(이범수)의 다정하고 자상한 도움으로 힘을 얻은 선수들은 무게가 많이 나가는 역기들을 모두 들어 마침내 우승을 하였다.

하지만 가끔씩 지난 선수시절 다친 부상으로 인해 심장이 아파왔던 이지봉(이범수)은 수많은 약들을 복용하고 가슴을 계속 두드렸는데 그 모습을 본 학생들은 킹콩이라고 놀려댔다. 한참 시간이 흐른 후에 더욱 악화 되어 가는 심장을 두드리며 훈련을 시키던 이지봉(이범수)은 학생들을 어느 다른 학교 남자 선생님에게 빼앗겨 버렸다. 하지만 그 남자 선생님은 학생들을 제대로 된 훈련을 시키지 않고 망치나 돌 같은 것으로 때리고 협박만 하였다. 학생들의 생활이 궁금했던 이지봉(이범수)은 손수 일일이 편지를 써서 우편으로 붙이려고 우체국으로 향하던 중에 매우 악화된 심장이 멈춰 그만 사망하고 말았다. 이를 안 학생들은 크게 슬퍼한다.

참조 - 네이버 영화

tip 영화 '킹콩을 들다' 중에서 지봉(이범수)이 선수들을 독려하는 장면이다. 모두들 어렵게 우승을 위해 노력하는 모습에 더욱 용기를 북돋아 주기 위해 자신도 울컥하는 감정을 다스리며 미소를 지으며 말하는 부분이 포인트이다. '지원금 들어온 거야. 잘 모으면 등록금 정도는 모을 수 있을 거야.'라는 부분에서는 들숨을 통해 미소를 짓는 것이 포인트이고, '동기제공! 성공에는 강력한 동기가 필요한 거야.'라는 부분 역시 들숨을 통해 활기를 불어넣는 것이 필요하다. '너희들 딴 짓하면 알지? 잔고 확인한다.'라는 부분에서는 자신도 울컥하는 감정을 날숨으로 다스리는 연습을 하는 것이 중요하다.

> 『타짜』중, 고광렬
>
> 헤헤. 제가 화투 친 지 얼마 안 돼 가지고.. (웃으며) (화투를 돌리며) 죄송합니다. 죄송합니다. (사람들 쳐다보며) 땡이냐. 땡이냐. 땡이.. (기대하는 척) 으웩 아 이런 개패네. (실망한 척) 아이씨 아이 몰라. 7로 먹어. 패로 치냐 돈으로 치지. (3백을 건다) 안 그렇습니까? 헤헤헤. (동의 구하며) 아 죽이시고, 아 무서우시면 죽으시던가. (장난치며) 주무시기 무서우면 시집가야지 말아야지. 안 그래요? (바람잡고) 아 빨리 합시다. 돈 딸 시간도 없는데 (재촉하며) 캬 하하하하하하 화투에 침 발라났나? (화투 두장을 탁탁 맞대며) 이게 이렇게 안 떨어지네. 이게 이게 이게. (바람 잡으며) 으캬캬캬 아 이런 패로 다 먹고, (눈치 보며)

●●● 줄거리

영화의 줄거리는 다음과 같다. 가구공장에서 일하는 고니(조승우)는 우연히 박무석 일행이 치는 화투판에 끼어들어 빠져들게 된다. 점점 돈을 잃어가던 고니는 이성을 잃고 집에 들러 누나의 전셋집 마련할 돈까지 몽땅 날려버린다. 뒤늦게 타짜들의 속임에 넘어갔다는 것을 깨달은 고니는 박무석 일행에게 복수를 하기 위해 화투판에 찾아갔고 그곳에서 대한민국 넘버원 타짜 평경장을 보게 된다. 평경장에게 손기술을 배워 잃은 돈의 다섯 배만 따면 그만두겠다는 결심을 하고 평경장의 집에 장기간 체류하며 화투의 기술을 배워 간다. 그리고 실력을 쌓은 고니는 자신을 화투판에 끌어들인 박무성 일행에게 복수를 한다. 이 과정에서 고니는 정 마담(김혜수)를 만나 사랑에 빠지게 된다. 고니는 돈을 충분히 벌었다는 생각에 평경장과 이별을 하게 되지만 화투에 대한 미련을 버리지 못한다. 정 마담과 함께 화투판을 다니다가 만난 타짜 고광렬(유해진 분)을 만나 전국 화투판을 휩쓴다. 여기서 고니는 자신의 스승 평경장이 죽었다는 소식도 듣게 된다.

그러던 중에 고니에게 복수를 당한 박무성 일행이 전라도의 타짜 아귀(김윤석 분)에게 복수를 부탁하게 되고 아귀는 고니의 옛사랑 정 마담을 미끼로 해서 고니를 도박판으로 끌어들이게 된다. 고니가 배에 도착하자 이미 고광렬은 아귀에게 당해 팔목이 부러지는 부상을 당한 상태였다. 결국 고니와 아귀와 정마담은 나갈 수 없는 배에서 마지막 한판을 벌인다. 한 판에 수억 원씩 오가는 화투판에서 이들은 "재산을 다 탕진한 사람은 팔목을 내놓는다."는 조건으로 최후의 화투판을 시작한다. 판돈은 점점 커져가고 고니는 이렇다 할 소득을 얻지 못한다. 그리고 재산을 점점 잃어만 간다. 그러던 중에 고니가 화투 패를 나눠주는 순간 아귀는 이상한 낌새를 눈치를 채고 고니의 팔목을 붙잡는다. 그리고 밑장빼기 속임수를 썼다며 팔목을 내놓아야 한다고 말한다. 숨도 쉴 수 없는 극도의 긴장된 상황에서 고니는 아귀에게 증거가 있냐고 말한다. 그러자 아귀는 자신에게 9땡을 줬고 정 마담에게 장땡을 주면서 자신의 돈을 잃게 했을 것이라고 자신의 생각을 단정 지어 말한다. 고니는 이를 부인하고 결국 둘은 정마담의 패가 장땡인지의 여부에 따라 팔목을 걸게 된다. 둘의 팔목이 묶인 상태에서 정마담의 화투 패를 열었다. 하지만 그 패는 땡이 아닌 사쿠라 패였다. 결국 아귀는 게임의 규칙대로 팔목을 잃게 된다. 평경장도 아귀처럼 오른쪽 팔목을 잃고 죽었다고 내뱉은 정마담의 말을 듣고 고니는 정 마담이 평경장을 죽였다는 사실을 깨닫게 되고 고니는 정 마담을 추궁하게 된다. 딴 돈의 반만 가져간다는 고니는 나머지 돈을 모두 불에 태우고 자취를 감춘다. 세월이 흘러 여전히 화투판을 다니는 정마담은 고니를 그리워한다. 하지만 고니는 외국인들이 다니는 카지노에서 여전히 도박을 즐기며 생활한다.

참조 - 네이버 영화

tip 영화 '타짜' 중에서 고광렬(유혜진)이 화투판에 있는 사람들을 정신없게 만들어서 돈을 따려는 부분이다. 여기서의 핵심은 사람들을 속이기 위해 웃음과 미소로 기만하는 감정표현이다. 웃을 때는 들숨을 활용해서 감정 표현을 하는 것이 도움이 된다. '헤헤. 제가 화투 친지 얼마 안 돼 가지고.'의 부분과 '화투에 침 발라났나? 이게 이렇게 안 떨어지네.'하는 부분에서 사람들을 속이기 위해 거짓으로 웃음을 표현하는 감정이 중요하다. 그러한 감정을 표현하기 위해서 들숨을 활용해서 웃음을 생동감 있게 표현해 보자.

> 『고지전』중, 일영
>
> 우리 중대는 이 동부전선에 배치되어 미군들로부터 악어중대라는 별명으로 불리게 되었다. 왜 악어인지 아는 사람? (둘러보며) 악어는 50개정도의 알을 낳는다. 그 중 절반이상이 다른 짐승한테 먹힌다. (침착하게) 그리고 간신히 알에서 나온 새끼악어 대부분이 다른 짐승이 먹이가 되고 고작 한두 마리가 어른악어로 변한다. (강조하며) 근데 근데 말이야.. (둘러보며) 그 한두마리가 50개의 알 중에서 살아남은 고작 그 한두 마리가 늪을 지배한다. 그게 악어다 (비장하게) 이게 이 전쟁에서 마지막 전투다! 이렇게 전선이 교착된 그 2년 6개월동안 50만 명이 죽었다! 하지만 우리는 살아남았다. (벅차 올라서)

●●● 줄거리

이야기의 줄거리는 다음과 같다. 1950년 6월 25일 발발한 한국전쟁은 1951년 이후 일진일퇴의 공방전을 거듭하였다. 그 와중에 판문점에서는 휴전협상이 진행되고 있었다. 하루하루 고지의 주인이 바뀌는 상황에서 남과 북의 병사들은 전쟁의 고통에 시달렸고 자나깨나 휴전이 되기만을 학수고대한다. 휴전회담의 패널로 참석하던 방첩대 강은표 중위는 연합군과 인민군의 한 치의 양보 없이 계속 결렬되는 휴전회담에 지쳐있었다.

그러던 중에 반민특위와 공산주의자 색출에 대해 실언을 하게 된다. 영창을 가리라 예상했던 그에게 동부전선 10사단 캐이먼 캠프로 가라는 명령이 떨어진다. 바로 그곳은 전략적 요충지인 애록 고지를 두고 국군 정예부대 중 하나인 악어중대와 인민군의 치열한 고지탈환전이 벌어지는 곳이었다. 하지만 얼마 전 악어중대 중대장 기철진 대위가 사망했다. 전투 중 전사로 보고되었지만 부검 결과 아군 권총에 의해 사살당한 것으로 밝혀졌다. 게다가 천안에 사는 한 여자가 아군 군사우편으로 인민군의 편지를 받은 일이 발생하자, 상부에서는 악어중대 내에 인민군 내통자가 있다고 판단하고 방첩대 중위인 그를 파견하게 된다. 강은표 중위는 악어중대 신임 중대장 유재호 대위와 신병 남성식 이병과 함께 악어중대가 주둔하고 있는 동부전선 캐이먼 캠프에 도착한다. 하지만 정예부대라는 소문과 달리 춥다고 인민군복을 껴입는 오기영 중사를 비롯해서 부대 내에서 아무런 거리낌 없이 고아들을 들이는 평안도 사투리를 쓰는 양효삼 상사, 그리고 어린 나이와 모르핀 중독에도 불구하고 부대를 지휘하는 악어중대 임시중대장 신일영 대위 등, 인민군과 대치하고 있다고 생각하기 힘들 정도로 군기가 빠진 군인들을 만난다. 유재호 대위의 주도로 작전회의를 하던 중에 강은표 중위는 3년 전 자신의 소대원이었다가 실종된 김수혁을 만난다. 그는 어느새 이등병에서 중위로 진급해 악어중대의 실질적인 지휘자가 되어 있었다. 하지만 친구를 만난 기쁨도 잠시, 다음날 애록 고지는 인민군의 기습에 의해 점령되고 악어중대는 애록 고지를 재탈환하기 위해 능선으로 이동한다. 다가오는 첫 고지탈환 전투에서, 강은표 중위는 고지전의 비극적인 사실과 악어중대를 둘러 싼 이 모든 사건의 진실을 알게 된다.

참조 - 네이버 영화

tip 영화 '고지전' 중에서 신일영 대위(이제훈)가 부하들에게 전투에서 용기를 북돋기 위해 말하는 장면이다. 말을 하면서 중간 중간에 벅찬 감정이 올라오지만 그러한 감정을 억누르고 얘기하려는 감정이 이 장면의 포인트이다. '살아남은 고작 한두 마리가 50개의 알 중에서 어른 악어로 변한다.'는 부분과 '이게 이 전쟁에 마지막 전투다.'하는 부분은 날숨을 통해 벅차오르는 감정을 누르는 표현을 해본다.

여자 연극대사

이번에는 여자대사 부분이다. 다양한 연극과 영화를 통해 감정표현 연습을 해보자. 남자와 마찬가지로 호흡을 통해 감정을 조절하는 방법을 연습하고 훈련하는 것이 중요하다.

『절대사절』중, 주희

'절대 사절!'도 붙여 보고. (이해 시키며) 절대 사절에 '사'자를 '죽을 사자'로도 써서 붙여 보고, (답답해서) 끝에 '절'자를 가위를 그려서 붙여 보는 둥 별 짓 다했어요. (억울해서) 해도 해도 안 되니까, 나중에 안 되겠다 싶어서 호소문까지 써 봤어요. (흉내 내며) "신문을 배달하시는 지체 높으신 선생님, 엎드려 비옵건대 절대로 신문 넣지 말아 주세요. (간절히) 알았니?" (힘없이) (다시 제 목소리로) (넋 나간 듯이) 다 소용 없었어요. (신문을 가리키며) (답답) 한 건의 배달 사고도 없이 한달 분이 고스란히 모아졌죠. 고지서는 승리의 깃발 마냥 펄럭이며 날아 왔구요. (고지서를 팔랑이며) (억울) 정말이지 전 돈 때문이 아니예요.

●●● 줄거리

연극 '절대사절'의 줄거리는 다음과 같다. 결혼 5년째 아직 아이가 없는 주희는 건설회사 과장인 남편과 그런 대로 평온한 가정을 이끌어 가는 전업주부다. 어느 날, 남편이 회사의 자금난으로 한 달간 쉬게 되고, 그 기간 동안 회사에서 마련해 준 항공권으로 해외여행을 떠나게 된다. 주희는 여행을 떠난 후 현관 앞에 신문이 쌓이면 빈집인 게 드러날까 두려워 신문을 끊으려 노력한다. 그러나 신문보급을 끊겠다고 약속한 대한신문의 총무는 신문을 매번 배달한다. 급기야 주희는 새벽에 보급소를 찾아가고, 총무와의 말다툼 중 신문더미에 불을 지르게 되자 총무의 완력으로 쓰러진다. 하반신에서 피를 발견한 주희는 자신도 모르고 있던 아기가 유산된 것을 안다. 그 사건 이후 주희는 정신분열을 앓을 정도로 신문에 과민한 반응을 보이고, 남편은 아내 주희를 생각해 그 동네를 이사하게 된다. 이사한 지 한 달이 다 된 주희의 증상은 호전되고 신문도 끊었다. 그런데, 평온한 가정에 또다시 총무가 나타나 신문을 배달되기에 이른다. 남편은 구독신청을 다시 했고, 이 모든 사건이 남편의 조작이라는 생각에까지 미치게 된다. 부부싸움이 있던 날 밤, 남편은 술을 마시러 가고, 무기력해진 그녀 앞에 총무가 나타난다. 살려달라고 애원하는 주희에게 총무는 사건의 진상을 밝힌다. 보급소에서 퇴직 당한 총무가 주희를 파멸시키기 위해 꾸민 계획이었던 것이다. 총무는 실어증에 걸린다. 그 모습이 되고서야, 남편은 사건의 심각성에 눈을 뜨게 되고 총무의 퇴치 방법에 고민한 결과, 경쟁사인 민국일보에 구독신청 한다. 예상대로 총무와 민국일보 보급소 직원 간에 싸움이 벌어진다. 증오에 사로잡혀 정상이 아니던 총무가 주희 집 앞에 배달되는 민국일보를 날마다 찢어버린 것이다. 결국 남편이 예상할 수 없었던 사건까지 일어난다. 그 총무가 민국일보 보급소 직원들에게 집단 몰매를 맞고 현장에서 죽어버린 것이다.

이제 더 이상 신문은 배달되지 않는다. 그러나 실어증에 걸린 채 멍해 있는 아내를 보고 남편은 세상이 자신이 생각하는 것 마냥 상식적이지도, 인간적이지도 않고, 참 무서운 세상으로 변했음을 실감한다.

---

tip 연극 '절대사절' 중에서 주희가 관객에게 자신의 답답함을 토로하는 장면이다. 그동안 신문 넣지 말아달라고 총무에게 부탁도 하고 정색도 해봤지만, 통하지 않기에 마지막으로 협박까지 해봤다는 내용이다. 들숨으로 총무의 비위를 맞추는 장면을 재연해보고 날숨으로 관객에게 답답함을 토로해보자. 이때, 비언어적인 제스처와 표정을 같이 활용함으로써 호흡을 통한 감정표현을 극대화해보자. 특히, 답답함을 토로할 때 날숨과 제스처를 생각하면서 연습해보자.

『한여름 밤의 꿈』중, 헬레나

아름다워? (황동) 누가? (짜증) 아름답다는 말 취소해. (서운) 디미트리어스는 네 아름다움에 갔어. (질투) 그래, 넌 예뻐서 좋겠다! (부러워서) 너의 눈은 사람의 눈을 빼놓고 너의 재잘대는 소리는 보리가 푸르고 찔레꽃 피는 봄날, 목동의 귀에 들리는 종달새 노래보다 더 귀여워, (생각나서) 병은 전염된다며? 생긴 건 전염 안되나? (부러워서) 네게도, 옮았으면 좋겠어. (절실하게) 지금 당장 네 생김새가 전염병처럼, 내 귀에 너의 목소리가 내 눈엔, 너의 눈이 그리고 내 혀엔 너의 혀가 만들어내는 달콤한 곡조가 병처럼 옮았으면 좋겠어. (좋아서) 네가 자리만 비워준다면 이 세계를 다 줄거야. (감추며) 디미트리어스만 빼고.

●●● 줄거리

그리스의 아테네라는 도시에는 딸이 시집을 갈 때가 되면 반드시 아버지가 고른 남자와 결혼해야 된다는 법이 있다. 그런데 허미어는 그 뜻대로 하지 않아 아버지로부터 고소가 되었다. 영주는 사흘 동안 생각해보고 정하라고 했다. 하지만 허미어는 아버지가 정해주신 디미트리우스와 절대 결혼 할 수 없었다. 왜냐하면 이미 허미어는 라이샌더와 사랑을 하고 있었고 디미트리우스는 예전에 허미어의 친구인 헬레나에게 사랑을 고백했다. 하지만 지금은 디미트리우스의 마음은 허미어로 바뀌었고 헬레나는 계속 디미트리우스만 찾아다니기 때문이다. 라이샌더와 허미어는 어쩔 도리가 없어서 도망치기로 하고 어느 숲에 갔었다. 그 숲에선 소동이 일어나고 있었는데 왕과 왕비가 심한 말다툼을 한 것이다. 왕이 헬레나와 디미트리우스를 보고 요정 퍼크를 시켜 '사랑의 꽃'을 따서 둘을 행복하게 해주라고 했는데 그 때 허미어와 라이샌더도 들어온 것이다. 퍼크는 당연히 라이샌더에게 '사랑의꽃'을 발라서 깨어났을 때 본 사람을 사랑하는데 헬레나를 보고 만 거시다. 그래서 디미트리우스와 라이샌더는 허미어는 버려두고 헬레나만 쫓아다녔다. 왕은 일이 커진 것을 보고 다시 원래대로 해놓았다. 그리하여 결국 라이샌더는 허미어를 사랑하고 헬레나와 디미트리우스가 이어지게 되고 사건은 해피엔딩으로 마무리 된다.

> **tip** 연극 '한여름 밤의 꿈' 중에서 헬레나가 허미어의 미모를 부러워하는 장면이다. 허미어의 이목구비와 목소리를 진심으로 부러워하는 것이 이 장면의 포인트이다. 들숨으로 허미어의 하나하나 매력에 감탄해보자. 그리고 날숨으로 질투심을 표현해보자. 특히, 허미어의 미모를 강조를 할 때는 들숨을 칭찬을 하고 질투를 할 때는 날숨을 통해 감정을 표현하는 연습에 집중해보자.

> 『별을 수 놓은 여자』중. 헬레나
>
> 맞아요, 내가 구식인지도 몰라요. (웃으며) 그렇게 자랐고 그렇게 느껴요. (여유) 당신 문제가 뭔 줄 알아요? (부드럽게) 당신은 느낄 줄 모른다는 거예요. (강조) 느낄 줄도 모르고, 볼 줄도 모르고, 들을 줄도 모르고, 심지어 냄새도 (비꼬며) 맡을 줄도 몰라요. 당신이 할 수 있는 거라곤 고작 생각하는 것 뿐이라구요. (강조) 신이 당신에게 준 이 훌륭한 감각들을 활용하는 방법을 배우기 전에는 (참으며) 당신은 20퍼센트 남성에 불과해요. 감각이 움직여서 당신이 날 (강하게) 미치게 사랑한다는 걸 깨달은 때쯤은 불행히도 난 여기 없을 거예요. (정색하며)

●●● 줄거리

작품 배경은 미국이다. 자그마한 잡지사 '방사성 낙진'을 운영하는 '앤디'는 훤칠한 키에 신수가 훤하지만 경영난으로 인해 어려움을 겪는다. 잡지사의 유일한 직원이자 천재적 작가인 '노만'은 짝사랑 상대에게 "당신의 냄새를 좋아한다."고 말하는 등 4차원의 엉뚱한 사내이다. 노만의 짝사랑 대상인 전 국가대표 수영선수, 수영강사 '소피'는 그런 노만의 엽기적인 행각이 불편하고 싫을 뿐이다. 하지만 오히려 앤디와 엮이게 되면서, 그와 운명처럼 사랑에 빠지게 된다.

> **tip** 연극 '별을 수놓은 여자' 중에서 소피가 자신을 짝사랑하는 노만의 답답한 행동에 화를 내는 장면이다. 소피가 노만의 어설픈 행동에 답답함을 느껴 화를 내는 부분이 포인트이다. 화가 났을 때 날숨으로 화를 가라앉히는 감정표현 연습을 해보자. 또한, 억지로 미소를 지으면서 말을 해보자. 실제로 여유 있게 말하는 것이 아니라 여유 있는 척을 하는 것이므로 들숨을 통해서 미소를 짓는 감정표현을 연습해보자.

여자 영화대사

이번에는 여자 영화대사이다. 영화를 보고 대사 연습을 해보면 구체적인 상황들이 머릿속에 그려지기 때문에 더 효과를 볼 수 있다. 만약, 영화를 볼 시간이나 여건이 되지 않을 수도 있기 때문에 줄거리를 상세히 설명을 했으니 줄거리를 참조해서 대사를 통한 감정표현 연습을 하면 도움이 될 수 있을 것이다. 영화의 경우 연극 대사보다 좀 더 자연스럽게 감정을 표현해보자.

> 『미녀는 괴로워』중, 한나
>
> 너무 부족한 게 많아서 헤어지셨어요? (무섭기까지 한 미소) (차분하게) 왜 벌써 헤어지셨어요. (화를 누르며) 왜 살 빼는게 싫어서 그러셨어요? (부드럽게)
> 살 빼면 오빠 화낸다. 그러셨잖아요? (정색하며)
> 차라리 뚱뚱해서 싫다고, 물건이나 좀 팔아달라고, 솔직하게 말씀하시지..(화가 치밀어올라)
> 사랑하는데 왜 헤어지니 이자식아!!!(숯검댕이를 패기 시작한다)
> (억울해서) 뚱뚱하다고 바보냐, 바보야? 왜 애를 두 번 죽이세요!!! 이 나쁜놈아! (따지며) 뚱뚱한 게 죄니? (강하게) 못생기면 사람도 아냐? 벌레야? 호구야? 우리도 여자야!

●●● 줄거리

영화의 주인공은 강한나이다. 그녀는 키만 169cm. 거대한 체구를 가졌다. 그리고 자신이 그녀에게 허락한 유일한 선물은 바로 천상의 목소리뿐이다. 가수를 꿈꾸지만, 외모 때문에 어쩔 수 없이 미녀 가수 아미의 립싱크에 대신 노래를 불러주는 얼굴 없는 처량한 가수 신세이다. 그것만으로는 생계를 위해 밤에는 폰팅 알바까지 뛰고 있다. 아마추어의 음반 프로듀서 한상준은 그런 그녀의 음악성을 인정해준다. 그리고 한나는 그런 상준을 짝사랑한다. 짝사랑에 몸달아하던 그녀는 드디어 꿈에 그리던 그의 생일 파티에 초대받게 되는데, 그런 그녀에게 빨간 드레스가 퀵서비스로 배달되어 온다. 한나는 상준이 자신에게 보냈다고 생각하고, 그 옷을 입고, 들뜬 마음으로 한껏 멋을 부리고 나타나는데, 알고 보니 아미가 한나를 쪽 줄려고 일부러 보내고, 자신도 똑같은 옷을 입고 파티에 나타난 것이다. 상준은 아미를 불러내어, 제대로 된 노래를 부를 수도 없으면서 뭐 하는 짓이냐고 질타한다. 그리고 우리는 한나를 이용하고 있는 것이니, 도망가기 전에 잘해줘라 등의 말하는 소리를 화장실에 있다가 몰래 엿듣게 된다. 집에 돌아간 한나는 가스를 틀어놓고, 자살을 시도한다. 그 때 걸려 온 한 통의 전화가 걸려온다. 바로 폰팅 상대였던 공학이었다. 이공학은 잘나가는 성형외과 의사였는데, 한나는 새롭게 변신을 해보고자 결심한다. 그렇게 잠수를 탄 한나는 공학을 통해 1년 만에 완벽한 S라인 미녀로 다시 태어난다.

참조 - 네이버 영화

> **tip** 영화 '미녀는 괴로워' 중에서 한나가 소개팅 남자에게 그동안의 분풀이를 하는 장면이다. 그동안 외모로 인해 상처받고 스트레스에 시달렸는데 소개팅 남자에게 자신의 외모가 평가절하 되자 답답하고 억눌렸던 이야기를 한다. 처음엔 화가 나지만 날숨으로 자제하다가 이성적으로 얘기를 하려는 노력을 하는 것이 포인트이다. 하지만 뒤로 갈

수록 점점 제어가 되지 않는다. 그럼에도 날숨으로 화를 다스리는 감정 표현 연습을 하는 것이 이 부분의 포인트이다.

『싱글즈』중, 나난

아, 사실 어떡해야 할지 모르겠어. (이해시키며) 휴.. 이래도 후회, 저래도 후회 할거야. (시크한 척) 나 보기보다 성질 더럽거든? (짜증내며) 천만원 벌어다 줘도 앙아대면서 바가지 막 긁을지 몰라. 맨날 술 퍼 먹고 자증부릴지도 몰라. (반응) 지금은 내가 (눈물참고) 무슨 짓을 해도 이쁘대지만., 그럼 엄청 짜증날 거야. 나 그러기 싫어. (설득) 후회하기 싫어. 내가 좋아하는 사람, 괴롭히기 싫어.. 나 사실, (솔직하게) 무지하게 쪽팔렸다. (답답해서) 남자 하나 나타나니까 다 이뤄지는 것도 쪽 팔리고 자기한테 기댈 생각만 하는 내가 쪽 팔렸어. 지금은 아니야. 난 아직 혼자서도 못 서있는 거 같아. (침착하게) 나 결혼할 수 없어.

●●● 줄거리

영화 '싱글즈'는 총 4개의 부분으로 이루어졌다.
첫째, 나난의 이야기
나난은 이미 전 남자친구에게 이별을 통보받았다. 그와의 이별로 인해 상심을 하지만 열심히 살아가고 열심히 잊으려 한다. 그러나 그와 다시 만나자 혼란스러워진다. 게다가 눈치 없게 구는 수헌(현재의 애인)에게 짜증이 난다. 결국 수헌에게 화를 내지만 수헌은 이해해 준다. 그리고 그 상황에서 나난에게 프러포즈를 한다. 수헌은 결혼을 하고 뉴욕으로 함께 가자고 제안을 한다. 그 제안을 받고 갈등을 하는데 결국 자신이 좋아하는 것이 일이라는 것을 깨닫고 수헌의 프러포즈를 거절한다.

둘째, 정준의 이야기
정준은 사랑하는 여자를 위해 배려하는 착하고 소심한 남자이다. 그런데 그런 그에게 애인이 생겼다. 식사 메뉴는 온통 그녀가 먹고 싶어 하는 것만 먹으러 다니고, 자신의 주장은 하지 않아 그녀가 화를 낼 정도로 어수룩하고 소심하다. 그녀는 '오빠는 정말 착하다.'라고 말했지만 돈 많고 능력 있는 사람과 결혼을 한다고 한다. 정준의 순수함과 지고지순한 사랑은 실패로 돌아가고 그는 좌절한다.

셋째, 동미의 이야기
동미는 야한 이야기를 거침이 없이 한다. 그리고 자신의 생각을 주저 없이 말하고 자신감 있게 행동하는 여자이다. 동미는 벤처사업가가 꿈이다. 즉, 성공한 커리어우먼을 꿈꾼다. 결혼에는 관심 없으며 남편의 도움을 바라지 않고 오직 스스로의 힘으로 해결하려는 의지가 확고하다. 룸메이트이자 죽마고우인 정준의 애인이 양다리라는 사실과 그녀가 다른 사람과 결혼한다는 말에 분개한다. 그리고 그녀를 헐뜯는 말을 해서 정준과 싸우게 된다. 화해의 술자리를 갖고, 술에 취해 정준과 잠자리를 같이한 동미는 그 자리를 계기로 임신을 하게 된다. 하지만 정준에게는 말하지 않고 자신의 아이를 낳고 키우기로 마음을 먹는다.

넷째, 수헌의 이야기
잘생긴 수헌은 나난의 패션디자인 사무실 바로 위층에서 일한다. 나난에게 반한 수헌이지만 둔한 그녀는 전혀 눈치 채지 못한다. 어느 날 그녀가 레스토랑으로 발령을 받게 된다. 수헌은 매일 친구들을 이끌고 그곳으로 출근을 한다. 그러던 어느 날 나난의 상사가 나난에게 함부로 구는 것을 보고 상사에게 폭행을 가한다. 이 사건을 계기로 둘의 만남이 시작되고 점점 관계는 깊어진다. 드디어 그녀에게 청혼을 해서 승낙을 얻어내지만 그녀는 자신의 꿈을 포기하지 못하고 결국 그의 프러포즈를 거절한다.

참조 - 네이버 영화

> **tip** 영화 '싱글즈' 중에서 결혼에 대해 신중하게 고민을 하던 나난이 수헌에게 프로포즈를 거절하는 부분이다. 나난의 답답한 감정을 날숨으로 차분하게 가라앉혀 보자. 때로는 억지로 미소를 지으면서 때로는 차분하게 설명을 한다. 나나의 감정변화를 생동감 있게 표현해 보자. 특히, 억지로 미소를 지을 때는 들숨을 차분하게 설명을 할 때는 날숨을 통해 감정을 표현해 보자.

『범죄와의 전쟁』중, 여사장

(여사장에게 악수를 청하는 익현, 악수를 받으며 피식) (여유 있게) 그래요?
(판호 가리키며) (툭 던지며) 서로 인사하세요. (반응) 저희 가게 김판호 전뭅니다. 그래 (날카롭게) 뭔 얘길 하시려고 이래 다 모아라 했습니까? (서류를 보며) 그 얘기 할라고 (위압감 있게) 다 모으라 한 겁니까?... 뭔 부탁을 하실 건데요? 어떤 (피식) 사람을요? (약 올리며) 능한 상무가 있어서... 최 사장님이 부탁하신 건 좀 힘들 것 같네요. (여유 있게) 어서 굴러먹던 분인지는 잘 모르겠는데... (여유 있게 협박하며) 이쯤에서 그만 하시는게 신상에 좋을 겁니다... (담배 연기를 익현에서 내뿜는 여사장)

●●● 줄거리

영화 '범죄와의 전쟁'은 노태우 전 대통령 시절 부패와 폭력이 만연하던 시절을 배경으로 하고 있다. 먼저, 비리 세관 공무원 최익현, 보스 최형배를 만난다. 1982년 부산, 비리로 해고될 위기에 처한 세관원 최익현(최민식)은 순찰 중 적발한 히로뽕을 일본으로 밀수출한다. 그리고 마지막으로 한탕하기 위한 부산 최대 조직의 젊은 보스 최형배(하정우)와 손을 잡는다.

영화 '범죄와의 전쟁'은 노태우 전 대통령 시절 부패와 폭력이 만연하던 시절을 배경으로 하고 있다. 먼저, 비리 세관 공무원 최익현, 보스 최형배를 만난다. 1982년 부산, 비리로 해고될 위기에 처한 세관원 최익현(최민식)은 순찰 중 적발한 히로뽕을 일본으로 밀수출한다. 그리고 마지막으로 한탕하기 위한 부산 최대 조직의 젊은 보스 최형배(하정우)와 손을 잡는다.

잔머리를 쓰는 익현과 주먹 쓰는 형배가 뭉쳐서 부산을 접수하기 시작한다. 임기응변이 탁월한 익현은 그 특유의 친화력으로 형배의 신뢰를 얻는데 성공하고 주먹 넘버원 형배와 로비의 신 익현은 함께 힘을 합쳐 부산을 접수하기 시작한다. 그리고 두 남자 앞에 나쁜 놈들의 전성시대가 펼쳐진다. 최고가 되고 싶은 나쁜 놈들이 한 판 승부를 벌인다.

하지만 1990년 범죄와의 전쟁이 선포되자 조직의 의리는 금이 가고 넘버원이 되고 싶은 나쁜 놈들 사이의 배신이 시작된다. 그리고 그들은 살아남기 위해 벌이는 치열한 한판 승부를 벌인다. 익현은 형배를 밀고하고 수사망을 좁힌 경찰들이 밀항하려는 형배를 잡으려고 한다. 하지만 이를 눈치챈 형배가 필사적으로 차 안에서 도망가려고 하나 결국 잡히고 만다. 그리고 두 남자의 꿈은 산산조각이 난다.

참조 - 네이버 영화

tip 영화 '범죄와의 전쟁' 중에서 여사장이 패권싸움에서 이기려고 기 싸움을 하는 장면이다. 강단 있게 여유를 가지고 침착하지만 단호하게 얘기를 해야 한다. 긴장은 되지만 날숨을 통해 최대한 포커페이스를 유지하고 들숨을 통해 미소를 짓는 감정표현이다. '그래요?'하는 부분은 기분 나쁘지만 일부러 가소롭게 비웃는 감정이다. '뭔 얘길 하시려고 이리 다 모이라 했습니까?' 부분은 위압감 있게 허튼 수작을 하지 말라고 차분히 경고하는 감정이다. 특히, 그러한 포커페이스를 유지하는 부분에서 날숨으로 평정심을 유지하는 것이 이 부분의 감정표현 포인트이다.

> 『내 아내의 모든 것』중. 정인
>
> 전 운동 싫어해요 저, 좋아하는게 없어서, 좋아하는 게 꼭 있어야 되나요? (당차게)
> 야! 누가 이렇게 더들래? 니네 엄마 누구야? 눈치를 안보고 살아서 그래요. (강조하며)
> 예의만 지키면 눈치는 안 봐도 된다고 생각하니까. (어이없어서)
> 전 제 앞에 눈치 보는 사람 진짜 별로거든요. 피차 불편하고 어색하고, (태연하게)
> 상대방을 불편하고 어색하게 만드는 거. 그거야 말로 경우에 없는 짓 아닐까요? (당차게)
> 외동딸이 뭐 어때서? 출생 환경으로 그렇게 사람 판단하고 그러면 안 되지? (따지며)
> 여기 외동딸이 나 하날까? 외동딸이신 분 손 좀 들어 보시겠어요? 왜이래 이거? (되물으며)
> 모든 외동딸들을 남자, 여자. 외동딸 이렇게 사회의 소수자로 만드는 이야기라고! (강하게)

●●● 줄거리

남들이 보기엔 모든 것을 갖춘 최고의 여자 정인(임수정)이다. 완벽한 요리 실력은 물론 예쁘고 사랑스러운 외모, 그리고 섹시하기까지 하다. 그런데 그녀에게 단점이 있다. 바로 입만 열면 쏟아내는 불평과 독설로 인해 남편 두현(이선균)에겐 결혼생활 하루하루가 죽을 맛이다. 매일 수백 번씩 이혼을 결심하지만 아내가 무서워 이혼의 '이'자도 꺼내지 못하는 소심한 남편 두현. 그런 아내와 헤어질 방법은 단 하나뿐이다. 바로 그녀가 먼저 두현을 떠나게 하는 것이다.

남들이 보기엔 모든 것을 갖춘 최고의 여자 정인(임수정)이다. 완벽한 요리 실력은 물론 예쁘고 사랑스러운 외모, 그리고 섹시하기까지 하다. 그런데 그녀에게 단점이 있다. 바로 입만 열면 쏟아내는 불평과 독설로 인해 남편 두현(이선균)에겐 결혼생활 하루하루가 죽을 맛이다. 매일 수백 번씩 이혼을 결심하지만 아내가 무서워 이혼의 '이'자도 꺼내지 못하는 소심한 남편 두현. 그런 아내와 헤어질 방법은 단 하나뿐이다. 바로 그녀가 먼저 두현을 떠나게 하는 것이다. 아내가 싫어하는 짓만 골라하며 소심한 반항을 해보지만 눈도 까딱 않는 정인으로 인해 두현은 절망에 빠진다. 하지만 어떤 여자든 사랑의 노예로 만들어 버리는 비범한 능력을 지녔다는 전설의 카사노바 성기(류승룡)를 만나 두현은 절호의 기회를 얻게 된다. '제발, 제 아내를 유혹해 주세요.'라는 말로 성기를 찾아간다. 이제 은퇴를 선언하고 은둔의 삶을 선택한 그에게 두현은 카사노바 일생의 화룡점정을 위한 마지막 여자로 정인을 유혹해 달라고 부탁하지만 오히려 그녀에게 빠지고 만다. 이에 상황을 파악한 두현이 성기와 싸우고 아내의 맘을 돌리려 하지만 이미 아내는 돌이킬 수 없는 강을 건너고 만다. 그리고 술집에서 아내의 진심어린 얘기를 들으면서 자신의 행동을 뼈저리게 뉘우치게 된다.

참조 - 네이버 영화

> tip 영화 '내 아내의 모든 것' 중에서 정인이 자신의 생각을 주관대로 표현하는 부분이다. 사람들이 낙천적으로 생각하는 것 자체가 이해가 가지 않는다며 솔직하게 자신의 생각을 표현하는 것이 중요하다는 주장이다. 여기서의 포인트는 자신의 생각을 얘기하면서 의견을 강하게 주장하는 것이다. 그런데 스스로는 자신의 생각을 침착하고 조리 있게 얘기하려고 하는데 흥분하다 보니까 그 조절이 안 돼서 흥분해서 얘기한다. 특히, '세상을 어떻게 낙천적으로만 살 수 있죠? 그건 거짓말이에요.'하는 부분에서 날숨으로 침착함을 유지하려는 호흡이 중

요하다. 날숨으로 평정심을 유지하면서 자신의 생각을 조리 있게 얘기하려는 노력이 이 대사의 감정 포인트이다.

『연애의 온도』중, 장영

내가? 내가 내 맘대로 라고? 하나부터 열까지 다 맞춰주고 있는데 내 맘대로 라고? (화를 참으며) 말 한마디라도 실수할까 봐 내가 또 뭘 잘못이라도 해서 옛날처럼 될까 봐 아무것도 안하고 있는데, 뭐가 내 맘대로 라는 얘기야? (억울해서) 너야말로 솔직해 져봐. (냉정하게) 억지로 나와서 억지로 즐거운 척하면서 사람 피 말리지 말고 처음부터 나오기 싫었다고 나랑 있으면 좋지도 않다고 솔직하게 말이라도 하라고. (강하게) 너 맨날 이러는거 알아? (비꼬며) 옛날부터 지금까지 툭하면 사람 눈치 보게 만들면서 힘들게 하더니 결국, 결국엔 너 변한거 하나도 없어. (강조하며) 아무리 시간이 지나도 그대로야. (답답해하며)

••• 줄거리

영화의 이야기는 이렇다. 같은 은행에 다니는 이동희(이민기)와 장영(김민희)는 사내커플이다. 이 둘의 연애 사실을 알고 있는 사람은 단 한 명 외에는 없다. 그런데 이 사내 커플이 헤어지면서 영화는 시작된다. 헤어진 연인이지만 같은 회사를 다니는 탓에 그 둘은 계속해서 마주치게 되고 서로에게 깔끔하지 못한 행동들을 주고받는다. 그러던 중에 영(김민희)이와 같은 직장 차장과의 이상한 소문을 듣게 된 동희(이민기)는 무작정 차장을 찾아가 때려눕힌다. 이러한 과정에서 동희(이민기)와 영(김민희)이는 서로의 사랑을 확인하고 다시 만나기 시작한다. 한번 헤어진 경험이 있는 이들은 서로를 더욱 배려하며 노력한다. 하지만 이들은 결국 전에 헤어졌던 비슷한 이유로 다시 헤어지게 된다. 그리고 1년 뒤 그 둘은 영화관에서 다시 우연히 만나게 된다.

참조 - 네이버 영화

> **tip** 영화 '연애의 온도' 중에서 장영(김민희)가 이동희(이민기)에게 그동안 자신의 답답한 마음을 토로하는 장면이다. 여기서의 핵심은 처음에 장영이 차분하게 자신의 답답함을 얘기하다가 점차 감정이 격해져서 감정표현을 하는 부분이다. 처음에는 날숨으로 스스로를 진정시키면서 이성적으로 얘기하는데 점차 이성이 제어가 되지 않아 감정적으로 표현한다. 또한, 자신의 감정을 진정시키려고 오히려 들숨을 통해 웃는 감정표현 부분도 있다. '뭐가 내 맘대로 라는 얘기야? 너야 말로 솔직해져 봐.'라고 하는 부분은 포커페이스를 유지하려고 오히려 들숨을 활용하는 것이 좋다. 바로 자신의 감정을 숨기기 위해 날숨과 들숨을 적절히 활용하는 것이 부분의 감정 표현 포인트이다.

연극과 영화 대사를 통해 감정표현 연습을 해봤다. 감정 연습이 생각보다는 쉽지 않을 수 있다. 연기자들의 경우 체계적인 교육을 받기 때문에 보다 훈련이 수월할 수 있지만, 일반적인 경우는 그런 연습을 할 여건이 되지 않기 때문에 집중을 하는 데 어려움을 겪을 수가 있다.

하지만 지금 이 책을 보시는 분들은 연기자가 되려고 하는 것이 아니라, 감정표현을 통해 실생활의 다양한 상황에 적응하는 것이 중요하기 때문에 가벼운 마음으로 연습을 하는 것이 좋다. 연습을 하다가 잘 표현이 안 되는 부분은 해설 부분을 참조해서 반복적으로 연습을 하면 충분히 효과를 얻을 수 있을 것이다.

Chapter 6

비언어적 표현

비언어적 표현

비언어적 표현이란?

우리가 사회에서 누군가를 만나고 나서 이야기를 들을 때 돌이켜보면 그 사람의 이야기가 남을 것 같지만, 사실은 그 사람의 태도와 말투 그리고 인상 등이 더 뇌리에 각인된다. 예를 들어, 면접시험에서 면접관이 면접자를 합격을 시킬 때 가장 중요하게 생각하는 부분은 면접에 대한 답변이 아니라 면접태도라고 하는 부분을 우리는 눈여겨볼 필요가 있다.

여기에서 태도나 말투, 표정, 음성, 옷차림, 제스처, 동작 등이 바로 비언어에 해당된다. 언어가 상대방의 뇌를 지배한다면 비언어는 상대방의 마음을 지배한다. 그렇기 때문에 비언어를 제대로 이해하고 활용해야 이성과 감성을 동시에 지배할 수 있는 것이다.

그렇다면 비언어적 표현에 대해 구체적으로 알아보자.

> 1. 감정 2. 표현 3. 목소리 4. 몸짓 5. 옷차림 6. 거리

먼저, 옷차림이다. 우리가 소개팅이나 면접에서 첫인상으로 가장 먼저 들어오는 것은 그 사람의 옷차림이다. 상대방의 옷차림에 따라 다양한 느낌을 줄 수가 있고 첫인상을 지배할 수가 있다. 여기에서 옷차림은 획일적으로 말할 수 없는 부분이지만, 상황에 따른 적재적소의 옷차림이 첫인상을 지배할 수가 있다고 얘기할 수 있다.

가령, 면접 자리에서는 면접관에게 신뢰를 주는 깔끔한 정장과 구두 그리고 깔끔한 인상을 심어줄 수 있는 헤어스타일을 들 수가 있다. 직장생활이나 계약 자리에서는 신뢰를 줄 수 있는 정장 차림에 단정한 헤어스타일이 믿음을 줄 수 있다. 그렇기 때문에 옷차림은 하나의 비언어적인 표현에 해당할 수 있다.

또 다른 비언어는 여기서 얘기하고 있는 감정이다.

주로 우리가 감정이라고 함은 '표정'을 얘기하지만, 사실은 표정 역시 감정표현의 일부이다. 실제로 감정이 나타날 때는 호흡이나, 손 떨림이나 몸의 움직임, 안색 등의 모든 몸의 기관에서 표출되기 때문이다.

그렇다면 감정표현이 왜 중요한 대화의 방법이 될 수 있는가?
우리가 흔히 "고맙습니다."라고 말을 할 때 '고맙습니다.'라는 말은 감사함을 표시하는 의미지만 만약 감정이 없거나 감사하다는 느낌이 부족하다면 언어의 의미만 전달하게 된다. 하지만 말을 할 때 미소와 더불어 진심어린 고마움의 감정표현을 한다면 상대방에게 보다 생생한 느낌의 의미를 전달할 수 있다.

또한, 계약을 할 때도 마찬가지이다.

가령, 고용주와 피고용인의 상황에서 고용주가 피고용인에게 "연봉은 3000만 원입니다."라고 했을 때, 만약 그 연봉이 지장이 없다면 또는 합당하다면 3000만 원에 계약을 하면 된다. 하지만 그 연봉이 자신이 생각한 것보다 낮다면? 그때부터는 협상을 해야 한다. 물론 협상 자체가 되지 않는 부분이라면 그렇게 할 필요는 없지만 그런 경우가 아니라면 다양한 설득으로 고용인의 마음을 얻어야 한다.

그렇다면 계약을 할 때의 설득의 방법은 어떤 것이 있을까?

첫 번째는 논리적인 방법이다.
예컨대, "저는 영어 외에 일본어와 중국어를 할 수 있습니다. 영어는 토익 점수는 거의 만점이고 일본어와 중국어 역시 원어민 수준입니다."라고 말하는 방법이 논리적으로 파고드는 설득의 방법이다.

두 번째는 감성적인 방법이다.
"저는 영어 외에 일본어와 중국어를 할 수 있기 때문에 다양한 업무가 충분히 가능합니다. 그러니 조금만 더 그 부분을 생각해 주시면 감사하겠습니다."라고 말하는 방법이다. 감성적인 대화의 방법은 표정과 감정으로 자신의 마음을 나타내서 상대방의 마음을 침투하는 것이다.

논리적인 대화의 장점이 상대방의 이성을 침투해서 공감을 이끌어 내는 것이라면 비언어적인 대화 즉, 감성적인 대화의 장점은 상대방의 마음을 침투하는 것이다. 설득을 할 때는 경우에 따라 논리적으로도 얘기하고 감성적으로도 침투하는 것이다.

그렇기 때문에 감정표현이 중요한 비언어적인 표현에 해당할 수 있는 것이다.

제스처나 동작 또한 마찬가지이다. '미안합니다.'를 그냥 말하는 것과 고개를 숙여서 '미안합니다.'를 할 때는 상대방에게 더 진심어린 마음을 전달할 수 있다.

발표를 할 때도 마찬가지이다. 제스처를 적절히 사용해서 핵심 포인트를 집어주는 것과 그냥 얘기하는 것은 생동감에 있어서 차이가 난다.

가령, 음식을 추천하는데 있어서 제스처로 그 음식의 느낌을 손짓으로 생생하게 설명하며 "제가 추천하는 요리는 바로 봄나물 비빔밥입니다. 봄의 향기가 그대로 있는 듯한 세발나물에 바다의 황홀한 맛의 향연을 느낄 수 있는 꼬막까지 곁들인 비빔밥" 이러한 말을 설명하는데 있어 그냥 밋밋하게 말로 설명하는 것과 몸짓과 손짓으로 음식의 맛을 구체적으로 설명하는 것은 차원이 다르다는 것이다.

협상이나 다양한 상황에서 비언어의 표현으로 상대방의 마음을 얻거나 지배할 수가 있다. 예를 들어, 상대방이 흥분할 때는 침착해야 하고, 상대방에게 부탁을 할 때는 정중한 감정과 제스처로 그리고 사과를 할 때는 표정이나 자세를 저자세로 낮춰야 상대방의 마음을 얻을 수가 있다.

이처럼 논리적인 대화가 상대방의 이성을 침투한다면 비언어적인 감성적인 대화는 상대방의 마음을 침투할 수 있다. 따라서 감정표현을 비롯한 비언어를 익히는 것이야말로 감성 대화와 설득을 하는데 있어 많은 도움이 될 것이다.

거리적 표현

상대방을 향하거나 가까운 거리면 상대방과 친해지고 싶다는 의미이고 상대방에게 등을 돌리거나 거리를 두면 멀리하고 싶다는 의미이다. 예를 들어, 우리가 어떤 사람과 친해지고 싶을 때 어떻게 하는지 생각해 보자. 먼저 그 사람을 쳐다본다. 그리고 미소를 띤다. 다가간다. 그리고 인사를 한다.

반대로 만약 우리가 어떤 사람과 가까이 하고 싶지 않으면 어떨까? 그 사람을 쳐다본다. 그리고 가만히 있다. 피하고 싶다. 등을 돌리거나 다른 곳을 본다. 이처럼 거리적인 것으로 상대방에게 심리적인 표현을 할 수 있다. 또한, 감정표현과 함께 활용하면 상대방에게 확실한 비언어적인 표현을 할 수 있다.

가령, 어떤 사람이 나를 자극해서 기분이 언짢아 있다고 생각해보자.

맥박이 빨라지고 호흡이 불규칙적이다. 이때 심호흡으로 감정을 조절한다. 그리고 상대방에게 등을 돌리는 것이 아니라 조금씩 다가가서 진정하라고 얘기한다. 여기서의 거리적 표현은 '나 당신과 다시 얘기를 하고 싶어.'라는 의미이다.

하지만 만약 호흡이 거칠어진 상태에서 짜증을 표현하면서 다가가면 '난 당신과 더 이상 얘기하고 싶지 않아.'라는 의미를 부여한다. 심리에 따라서 거리가 달라질 수 있고, 그 거리는 상대방에게 의미를 주는 비언어적인 표현이 될 수 있다.

가까운 거리   먼 거리   평행선

시선이 주는 효과

상대방을 어떻게 보느냐에 따라 주는 느낌은 다르다. 위에서 아래로 내려다보는 시선은 무시를 하는 느낌을 아래에서 위로 올려다보는 시선은 공격적인 느낌을 준다. 그렇기 때문에 시선은 비언어적 표현이 될 수 있다.

가령, 어떤 사람이 회사에서 싫은 상사를 마주한다고 생각해보자. 그 상사가 싫기 때문에 거리를 둔다. 그리고 정면으로 쳐다보지 않고 다른 곳을 보며 얘기한다. 그럼 그 의미는 다음과 같다. '난 당신과 친해지고 싶지 않아.'

하지만 좋아하는 상사와 대화를 나눌 때는 어떤가?

좋아하기 때문에 다가가고 싶어 한다. 다가가서 얘기를 나눈다. 그리고 상대방을 다정어린 시선으로 집중해서 쳐다보며 말을 한다. 그 의미는 '난 당신과 친해지고 싶어요.'라는 것이다. 거리적 표현과 더불어 시선 역시 부드러워진다. 그리고 상대방을 쳐다보면서 얘기한다. 상대방을 쳐다보는 이유는 얘기를 나누고 싶다는 암묵적인 표현이다.

이번에는 프레젠테이션을 생각해보자.

프레젠테이션에 익숙하지 않은 사람이라면 긴장을 할 수밖에 없기 때문에 청중들을 쳐다보는 데 자신이 없다. 그래서 시선을 정면으로 마주하지 않고 주변을 둘러보거나 잠깐 머무르는 정도의 눈빛을 보내는 경우가 다반사다.

만약, 프레젠테이션에 자신감이 있거나 경험이 많은 사람이라면 청중들에게 머무르는 시간이 훨씬 많을 것이고 한 명씩 정면을 보려는 노력을 할 것이다.

일상생활에서도 마찬가지이다. 우리가 낯선 사람을 마주할 때는 일단 경계심이 생기기 때문에 부드러운 시선보다는 약간의 거리를 둔 상태에서 의심의 눈빛으로 쳐다볼 수가 있다. 하지만 상대방과 신뢰가 생긴 경우라면 심리적 거리와 더불어 물리적 거리도 허물어지고 시선 역시 한결 부드러워지고 경계심이 없어진다.

거리와 시선은 함께 마치 실과 바늘처럼 함께 따라다니는 비언어이기 때문에 그것을 잘 활용하면 감정표현에 있어서도 많은 도움이 될 것이다.

생생한 화법

비언어적인 표현 중에 또 하나는 바로 '화법'이다. 화법은 말하는 방법을 얘기하는 것으로써 말을 빠르게, 느리게, 강하게, 약하게, 높고, 낮게 하느냐에 따라 말의 느낌이 달라진다.

감정을 표현하는 데 있어서 감정 자체를 드러내고 숨기는 것도 중요하지만 말을 할 때의 강약과 고저, 템포를 활용해서 얘기할 때 감정이 더 생생하게 전달될 수 있기 때문에 화법 역시 중요한 비언어적인 표현이 될 수 있다. 예를 들면, 같은 말을 해도 귀를 기울이게 하는 매력적인 대화를 하는 사람이 있고 자리를 피하게 하고 싶게 하는 대화를 하는 경우가 있다.

비언어적인 화법의 비밀은 말의 리듬과 템포이다.

그렇다면 대화를 할 때 리듬과 템포는 어떻게 만들어 가는 것일까?

음악을 연상하면 된다. 재밌게 그리고 인상적으로 말하는 사람들의 특징을 들여다보면 인상적인 리듬이 있다. 예컨대 "제가 그 부분에 대해 강조를 해야 할 것 같습니다."라고 말을 할 때, 어디서 강조가 되어야 할 지, 그리고 어떤 부분을 세게 말할 것인지, 어떤 말에 높낮이를 둘 것인지를 연습해 나가는 것이다.

즉, 리듬과 템포는 음의 높낮이, 음의 강약, 음의 장단, 음의 빠르고 느리기 등으로 표현될 수 있다. 그리고 이 말의 '리듬과 템포'가 화술에 해당한다.

"제가 그 부분에 대해 강조를 해야 할 것 같습니다."라는 말을 갖고 실전 대화 화술훈련을 해보자. 먼저, '제가'를 내린다. 그리고 '그 부분에 대해'를 올린다. 그리고 '강조를 해야 할 것 같습니다.'를 천천히 얘기한다. 그럼 음의 높낮이가 생기면서 자연스레 강조될 수 있다.

강약도 마찬가지이다.

'제가'를 약하게 얘기한다. '강조를 해야 할 것 같습니다.'를 강하게 얘기한다. 그럼 '강조를 해야 할 것 같습니다.'가 더 강조될 수 있다.

이 때 주의할 점은 모든 말에 강조를 두어서는 안 된다는 것이다. 그렇게 되면 그것 역시 지루함을 주게 된다. 강조하는 말을 강조하고 강조하지 않을 말들은 흘리는 것이다. 말의 강약, 빠르기 등을 생각해서 여기서의 주제어인 "제가"를 더 강조하고 이 부분을 때로는 천천히 때로는 빠르게 때로는 정적을 두기도 해서 자연스럽게 리듬과 템포를 만드는 것이다.

이것이 바로 비언어적인 표현을 생생하게 전달하는 리듬과 템포의 기술이다.

높낮이와 빠르기는 말에 생동감을 주고 강약과 강조는 말에 신뢰와 감동을 준다.

보고서나 직장에서 프레젠테이션을 할 때는 강약과 강조를 동원한 신뢰감을 주는 화법, 생동감을 주는 자리에 있어서는 고저와 빠르기를 활용한 화법, 즉 말하는 환경에 따라 적재적소의 화법을 활용하는 사람이 비언어적인 화법을 생생하게 구사하는 사람이다.

다음은 말의 강약으로 신뢰감과 감동을 주는 화술을 연습해 보자.

> 가는 말이 고와야 오는 말이 곱다라는 말이 있어요.
> 예를 들어, 상대한테 욕을 하거나 나쁘게 말을 하면
>
> 상대방도 기분이 상해서 나에게 똑같이 욕을 할 거예요.

이번에는 "가는 말이 고와야 오는 말도 곱다"라는 말을 갖고 실전 대화 화술훈련을 해보자.

'가는 말이 고와야'를 올린다. 그리고 '고와야'를 살짝 내린다. 그리고 '오는 말이 곱다.'를 차분히 얘기한다. 그럼 음의 높낮이가 생기면서 자연스레 강조될 수 있다.

강약도 마찬가지이다.

'가는 말이 고와야'를 강하게 얘기한다. '오는 말이 곱다.'를 약하게 얘기한다. 그럼 '오는 말이 곱다.'의 느낌이 더 생생하게 전달될 수 있다.

화법은 감정표현과 더불어 표현해야 그 생생한 느낌을 보다 더 잘 전달할 수 있다. 화술에 감정이 담겨 있지 않으면 마치 느낌이 없는 로봇 같기 때문에 설득력이 떨어진다. 그렇기 때문에 감정표현과 같이 연습을 하는 것이 비언어적인 표현을 잘하는 방법이 될 수 있다.

생동감 있는 제스처

> 1. 감사해요 2. 아니요 3. 잠깐만 4. 그만해 5. 미안해 6. 정말?

감정 표현을 잘하는 사람의 특징 중에 하나가 같은 말을 하더라도 제스처 및 손짓, 몸짓을 생동감 있게 표현한다는 점이다. 아무리 대화의 내용이 좋고, 좋은 소리로 말을 했다하더라도 시각적인 효과를 더 하냐 못하냐에 따라 말의 감칠맛이 더 어우러지기도 하고 효과가 반감되기도 한다.

제스처는 화자의 말을 손짓과 몸짓을 통해 표현하는 것이다. 이 제스처는 단어에 대한 몸짓, 상황에 대한 몸짓으로 또 나뉠 수 있다.

가령, "다양한 생각과 의견을 인정하는 것이 중요합니다."라는 주제를 가지고 제스처를 한다면 '중요합니다.'를 표현함에 있어서 엄지를 치켜든다거나, 또는 고개를 한 번 끄덕거리는 것처럼 단어에 대한 제스처를 할 때, 이를 '말 제스처'라고 할 수 있다.

이에 반에 몸 제스처는 "예전에 비행기를 타다가 멀미가 난 적이 있었습니다."라는 것을 표현할 때 비행기가 이륙하는 느낌이라든지, 멀미가 날 것 같은 느낌을 손짓과 몸짓으로 표현하는 것을 '상황에 대한 제스처'라고 할 수 있다.

말을 잘하는 사람, 대화의 주목을 이끄는 사람의 제스처는 생생하다. 그래서 그들의 제스처를 따라 해서 연습해 보는 것만으로 표현의 도움을 얻을 수가 있다.

움직임은 기본적으로 직선과 곡선, 정적과 동적인 움직임으로 나눌 수 있다. 직선의 움직임은 평행선, 대각선, 사각형 등의 형태로 표현할 수 있다.

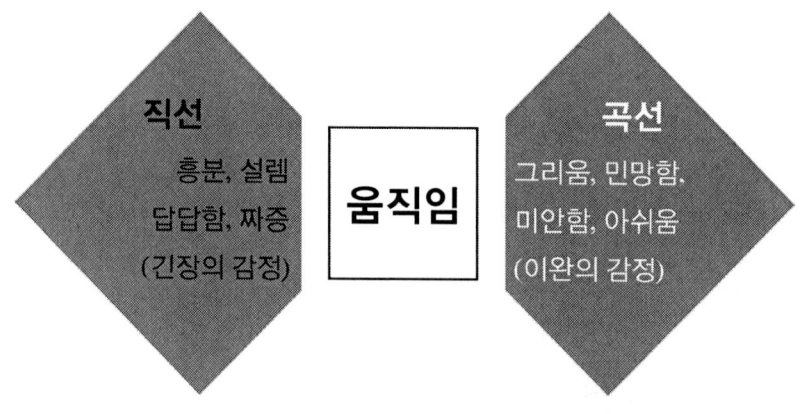

직선의 움직임은 흥분, 설렘, 답답함, 짜증 등과 같은 강한 감정과 연관이 있고 곡선의 움직임은 그리움, 민망함, 미안함 등의 부드러운 감정과 관련이 있다. 또한, 직선과 곡선의 움직임은 호흡에서의 들숨과 날숨과 함께 표현될 때 시너지 효과를 발휘할 수 있다.

즉, 직선과 들숨은 역동적인 느낌, 곡선과 날숨은 정적인 느낌을 주기 때문에 그러한 부분을 잘 활용해서 적용했을 때, 감정을 느끼고 상대방에게 표현하는데 수월할 수 있다는 얘기이다.

직선의 움직임은 강한 느낌을 주고, 곡선의 움직임은 부드러운 느낌을 준다. 동적인 움직임은 역동성을 정적인 느낌은 온화함을 준다. 따라서 이러한 움직임의 특징을 잘 이해하고 표현하는 것이 중요하다.

직선의 움직임	↓	강한 느낌
곡선의 움직임	⌒	부드러운 느낌
바깥에서 안쪽	←	내향적인 느낌
안에서 바깥	→	외향적인 느낌
위에서 아래	↓	고압적인 느낌
아래에서 위	↑	부추기는 느낌

위에서 아래, 안에서 바깥으로 움직임이 있을 때, 상대방에게 강한 느낌을 준다. 보통 선거 연설에서 청중들에게 강한 인상을 심어줄 때 많이 쓰는

비언어 표현방식이다. 곡선의 느낌은 부드러운 느낌을 준다. 상대방을 부드럽게 소개할 때 원의 느낌으로 표현할 때 많이 쓰이는 방식이다. 또한, 바깥에서 안쪽으로 제스처를 할 때는 내향적인 느낌을 주고 안에서 바깥쪽으로 펼칠 때는 외향적인 느낌을 준다.

이처럼 움직임과 제스처를 이해하면서 비언어적인 표현으로 활용하는 것이 중요하다.

제스처를 연습하는 방법은 다음과 같다.

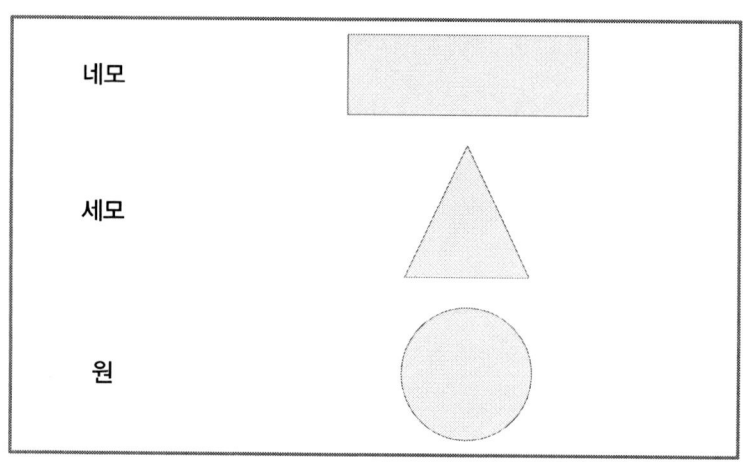

먼저 손을 펴서 붙인 후에 네모를 정성껏 그려본다. 이때 주의할 점은 손끝의 움직임이다. 손끝의 움직임에 중점을 두고 가슴에서부터 느낌이 살아 움직여 손끝까지 그 느낌을 전달하는 것이 핵심이다.

이번에는 원을 마찬가지로 정성스럽게 그려본다. 최대한 원의 형태를 생각하면서 손끝으로 가장 정확한 원을 그린다. 이때 최대한 부드러우면서 섬세하게 원을 그려야 한다.

그리고 다음에는 앞에 어떤 사물이든 놓아본다. 예를 들어 가방, 책상 등의 흔한 물건들을 놓고 똑같이 그려보는 것이다. 그렇게 되면 손의 감각이 키워지게 된다. 그렇게 자꾸 사물을 가지고 똑같이 손으로 그려보면 손의 느낌이 섬세해 지는 것을 느끼게 될 것이다.

이때 주의할 점은 모든 것을 설명하면 안 된다는 것이다.

모든 것에 대한 설명을 제스처로 한다면 오히려 설명이 조잡해져서 시선이 더 분산되게 마련이다. 따라서 강조할 부분, 꼭 필요한 부분을 보다 감칠 맛나게 설명하기 위해 필요한 부분이 제스처라고 얘기할 수 있다.

다음의 설명대로 제스처를 연습해 보면 많은 도움이 될 것이다.

> 안녕하세요 저는 ooo입니다. (인사하며)
> 너무나 좋은 분들이 많이 계신 것 같아 설렙니다. (손을 앞으로 내밀며)
> 저는 상황에 따라서 감정을 표현하고 숨기는 법을 (하나씩 가리키며)
> 배우고 싶어서 여기에 오게 되었습니다. (한 손을 내밀며)
> 여러분들과 더불어 열심히 배워나가겠습니다. (사람들을 가리키며)
> 많이 도와주세요. (인사하며)

TIP

'자기소개'를 하는 상황이다. 감정표현과 더불어 제스처를 잘 활용했을 때 그 비언어적 표현의 효과는 배가 될 수 있다. 처음엔 공손히 인사를 하며 소개를 한다. 그리고 자신의 긴장되고 설레는 감정을 표현할 때는 손짓으로 앞으로 내밀면서 느낌을 말한다. '여러분들과 열심히 배워나가겠습니다.'라고 각오를 말할 때는 사람들을 공손히 가리키며 미소를 띠며 말한다. 감정표현과 함께 제스처를 활용해서 자기소개를 하게 되면 훨씬 더 구체적인 느낌이 전달될 수 있다.

고민을 털어 놓는거야. (다가간다)
헝클어지게 흐트러 버리는 거야. (바짝 다가서며)
고민이라는 놈은, 병아리, 비둘기, 참새 같은 놈이라서. (좌우로 걸으며) 흐트려 뜨려야 해. (다가가서) 그래야 저희들끼리 삐약 삐약, 구구구, 짹짹짹 모여들고, 줄을 서고, 내려 앉는 거야. (앉으며) 안그래?

TIP

상대방이 복잡한 생각을 하고 있어서 좀 더 생각을 단순하게 하라고 조언을 하는 장면이다. 상대방이 고민을 차분하게 듣는다. 그리고 다가가서 사람마다의 특징을 생동감 있게 표현해 보자. 특히, 강조를 할 때는 들숨을 은근하고 비밀스럽게 설명을 할 때는 날숨을 통해 감정을 표현해 보자.

환경 미화원이 거리에서 청소를 하고 있었습니다. (한 손 올리며)
어떤 부모는 자식에게 "나중에 커서 저렇게 되면 안돼." (손으로 가리키며) 라고 말하는 사람이 있는 반면, 또 어떤 부모는 (한 손 올리며) "저런 분이 계셔서 우리가 이렇게 깨끗한 거리를 걸을 수 있는 거야." (손을 얹으며)
여러분은 자식에게 어떤 마을 하시겠습니까? (양 손 펼치며)

TIP

선입견을 두면 안 된다는 얘기를 하는 상황이다. 현재 우리나라의 문제점 중 하나가 높은 부패지수와 더불어 획일화된 정답주의와 간판주의에 있기 때문에 다원화를 인정하자는 얘기이다. '환경미화원이 청소를 하고 있었다.'라는 말에서는 한 손으로 사람들에게 예시를 보여주는 느낌으로 말하고 '나중에 커서 저렇게 되면 안 돼.'라는 말에서는 환경미화원을 가리키며 얘기를 해야 하고, '우리가 이렇게 깨끗한 거리를 걸을 수 있는 거야.'라는 부분에서는 감사하는 마음을 실어서 손을 얹으면 효과가 배가 된다. 제스처는 정답이 없다. 비언어적인 표현은 하나가 아니라 둘 이상이 합쳐졌을 때 더욱 느낌이 생생해 지는 것이기 때문에 함께 활용하는 연습을 하도록 노력하자.

> 요즘 진리나 질서가 다 무슨 소용이예요? (반응) (양손을 살짝 벌리며) 그저 돈이 힘이지. (반응) (손으로 돈 모양 만들며)
> 요즘 세상엔 돈만이 질병과 무능과 굶주림과 (반응) (한 손으로 거들먹거리면서) 치사함의 세상에서 (쳐다보며 천천히 앉으며) 구원해주죠.
> 그저 없이는 아무것도 없어요. (반응) (쳐다보다가 일어서며)
> 돈이 사람을 만들고 얼굴을 만드는 세상이죠. (반응) (양 팔 벌리며)

TIP

돈이 중요하다는 얘기를 한탄하며 말하고 있는 부분이다. 지금은 사람보다 돈이 중요하고 돈이 최고라는 얘기를 비꼬면서 말하고 있다. 즉, 말하고 싶은 부분은 돈이 사람보다 우선시되면 안 된다는 얘기를 하는 것이다. '요즘 진리나 질서가 다 무슨 소용이에요?'라는 말을 할 때는 양손으로 살짝 벌리며 주위를 환기시킨다. '그저 돈이 힘이지.'라는 말에서는 돈이라는 의미를 동전 모양을 표현하면서 말한다. '치사함의 세상에서 구원해주죠.'라는 말에서는 한 손으로 비꼬듯이 손을 돌리며 말을 해본다.

우리가 누군가에게 얘기할 때에 생생한 감정을 느낄 때는 언어보다 비언어적인 표현에서이다. 가령, "네가 좋아."라는 말 자체만으로는 감동을 주기 어렵다. 하지만 "네가 좋아."라는 말을 할 때의 그 사람의 음성의 떨림과 손짓 그리고 얼굴표정의 진실함과 순수함이 감동을 주는 것이다.

따라서 상대방에게 감정표현과 음성 그리고 제스처 등 바로 이러한 비언어적인 표현을 잘해야 하는 것이다. 이처럼 생생한 감정과 매력적인 화법과 그리고 제스처로 생동감 있게 얘기를 한다면 대화에 생기가 생겨 듣는 이에게 생생한 느낌을 전달할 수 있다.

EMOTION

EMOTION

Chapter 7
들숨을 활용한 감정처세법

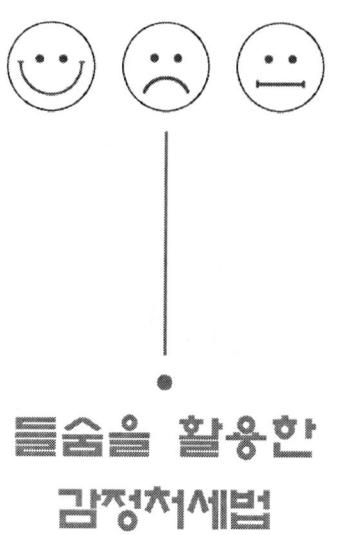

들숨을 활용한 감정처세법

들숨을 통한 감정표현 ———•

들숨을 활용해서 표현하는 감정은 어떤 것이 있을까?

대표적으로 기쁨, 행복, 즐거움 등의 긍정적인 감정 등이 있을 것이다. 그런데 만약 우리가 정말 그러한 긍정적인 감정을 느낄 때는 자연스럽게 표정을 지을 수 있기 때문에 문제가 되지 않는다.

문제는 사회생활이나 일상생활에서 대인관계를 형성하는 사회적 동물인 사람은 때로는 기분이 좋지 않거나 썩 내키지 않을 때도 그렇지 않은 척 또는, 기분이 좋은 척을 해야 할 필요도 있다는 것이다.

하지만 감정자체는 연습이 어렵고 조절이 어렵다. 그렇기 때문에 감정을 조절할 수 있는 외부적인 자극이 필요한 것이다.

그런 외부적인 자극이 바로 '호흡'이다. 즉, 긍정적인 감정을 직접적으로 표현하기 어렵기 때문에 긍정적인 감정을 유발할 수 있는 들숨을 활용하는 것이다.

그렇다면 내키지 않거나 또는, 필요에 의해서 긍정적인 감정을 표현할 때는 언제일까?

대표적으로 필요에 따라 거짓말을 해야 하거나 억지로 미소를 지어야 할 때가 바로 그러한 경우이다.

가령, 직장에서 어느 날 상사가 나에게 말을 건넨다. 사실 그날 아침부터 집안 일 때문에 기분이 좋지 않았지만, 나와는 반대로 직장상사는 뭐가 그렇게 좋은지 농담을 건네기 시작한다. 억지로 웃자니 이미 표정이 굳을 대로 굳어져서 미소가 나오지 않는다. 직장 상사는 나에게 '어디 기분이 안 좋아?'라고 묻는다. 이럴 때가 바로 난감한 경우이다.

거짓말을 할 때도 마찬가지이다.

친구와 다투고 나서 화해를 하려고 나름 깜짝 선물을 준비하고 있다. 그런데 평소와 다른 나의 행동에 친구가 '왜 그래?'라고 묻는다. 둘러대야 하는데 마땅한 핑계가 떠오르지 않고 얼굴이 굳어진다. 친구가 자꾸 캐묻자 자신도 모르게 당황해서 짜증을 낸다.

이처럼 억지로 웃어야 할 때나 거짓말을 할 때처럼 긍정적인 감정을 보여줘야 할 때 바로 '들숨'의 호흡이 필요하다.

감정자체로는 조절이 가능하지 않으므로 외적인 호흡을 통해 감정을 자극하는 방법이다.

그러한 방법을 잘 이해하고 노력해서 체득하게 되면 대인관계는 물론 상황에 맞는 처세술도 익히는 일석이조의 효과를 얻을 수가 있다.

감사할 때 ──●

한국인이 가장 표현하기 어려운 감정이 몇 가지가 있다. 그중 하나가 '행복해.'라는 말의 감정이고 또 하나는 '고마워.'라는 말의 표현이다.

상대방이 어떤 감동을 주었을 때, 감사하는 마음이 있지만 그것을 어떻게 표현할지 몰라서 애를 먹는 경우가 많다. 또는, 나는 감사하다는 표현을 한 건데 내 표현이 제대로 상대방에게 전달되지 않는 경우도 있다.

감동을 받는 것도 좋지만, 그 감동받은 마음을 어떻게 제대로 상대방에게 전달하는가도 중요하다. 왜냐하면, 감정은 스스로 느끼는 것보다 상대방에게 어떻게 전달이 되느냐가 더 중요하기 때문이다.

가정에서의 대화 - 나쁜 예

아빠 : 요새 뭐하고 지내?
  딸 : 그냥 공부하고 학교 다니고 그렇지.
아빠 : (물건을 건네며) 자..
  딸 : 이게 뭐야?
아빠 : 선물이야. 아이패드 필요하다며? 요새 애들 그거 많이 쓰더라.
  딸 : 사달라고 할 때 사주지. 암튼 고마워.
아빠 : 참 내...

아빠가 딸에게 선물을 하는 상황이다. 나름대로 아빠는 딸이 평소에 말했던 것을 귀담아서 준비했는데 아마도 딸 역시 고마움을 느끼지만 그 표현이 서툰 느낌이다. 그래서 아빠의 정성과는 달리 표현이 정성스럽지 않아 안타까운 경우이다. 감사할 때는 그 감정을 들숨을 통해 표현해야 감정이 제대로 전달될 수 있다. 억지로 호흡을 들이마셔서 감정을 표현하는 것이 아니라 고마운 감정을 호흡을 실어서 얘기할 때 더 전달이 잘된다는 의미이다. 지금 위의 대화에서는 딸이 고마운 감정은 느꼈지만 어떻게 표현할지 몰라서 어색한 표현을 한 경우이다.

> **가정에서의 대화 - 좋은 예**
>
> 아빠 : 요새 뭐하고 지내?
> 　딸 : 그냥 공부하고 학교 다니고 그렇지.
> 아빠 : (물건을 건네며) 자..
> 　딸 : 이게 뭐야?
> 아빠 : 선물이야. 아이패드 필요하다며? 요새 애들 그거 많이 쓰더라.
> 　딸 : 와.. 이거 내가 정말 갖고 싶었던 건데.. 진짜 고마워 아빠.. 최고! (들숨)
> 아빠 : 뭘 이런 걸 가지고. 아무튼 잘 써. 공부 열심히 하고.

들숨을 통한 비언어적인 표현을 하니 보다 감사하다는 의미가 제대로 전달이 되고 있다. 호흡은 연습을 통해서 얻어질 수 있다. 우리는 평소에 많은 호흡을 하지만, 대부분 자각하지 못하기에 감정을 표현할 때 제대로 활용하지 못한다. 평소에 감정표현 특히, 감사의 표현이 잘되지 않을 때는 호흡을 활용해 보아라. 그럼 내가 느끼는 만큼 상대방도 느끼는 감정이 전달될 수 있다.

tip 1. 상대방에게 진심으로 감사해한다.
　　2. 들숨을 쉰다.
　　3. 상대방에게 시선과 행동의 비언어적 표현을 같이 한다.

맞장구 칠 때

사회생활이든 친구관계든 간에 호응이나 맞장구를 칠 때가 많다.

그런데 어떻게 맞장구를 칠지 몰라서 분위기가 가라앉는 경우도 있고, 나는 호응을 했는데 상대방이 충분히 느끼지 못해서 분위기가 어색해지는 경우도 있다.

> **직장에서의 대화 - 나쁜 예**
>
> 김 대리 : 철용 씨. 이번에 그 소식 알아?
> 이 사원 : 네? 어떤 소식이요?
> 김 대리 : 이번에 내가 쓴 기획 안이 당첨된 거.
> 이 사원 : 아 그래요?
> 김 대리 : '아 그래요?'가 뭐냐? 내가 당첨된 게 샘 나?
> 이 사원 : 아니요. 저는 기뻐서 말씀 드린 건데.
> 김 대리 : 됐다. 됐어. 일 해.

위의 대화에서는 김 대리가 기대치를 가지고 사원에게 얘기를 했는데 시큰둥하게 반응해서 감정이 상한 상황을 보여주고 있다. 하지만 여기서 주목할 부분은 이 사원은 나름 반응을 한 것인데 그 반응이 미약해서 상대방에게 감정이 제대로 전달되지 않았다는 점이다.

아무리 스스로 반응을 했다고 하더라도 상대방이 느끼지 못하는 반응은 주관적인 감정일 뿐이다. 그렇기 때문에 나 자신도 상대방도 모두 느낄 수 있는 객관적인 감정이 되도록 나와 상대방의 감정의 차이를 줄이거나 없애는 노력을 해야 한다.

> **직장에서의 대화 - 좋은 예**
>
> 김 대리 : 철용 씨. 이번에 그 소식 알아?
> 이 사원 : 네? 어떤 소식이요?
> 김 대리 : 이번에 내가 쓴 기획 안이 당첨된 거.
> 이 사원 : 아 정말요? 완전 잘됐네요. 축하 드려요. 대리님. (들숨)
> 김 대리 : 그런 걸 가지고 뭐. 내가 오늘 한 턱 쏠게.
> 이 사원 : 너무 무리하시는 거 아니에요? 아무튼 저도 기분이 좋네요.
> (미소)

이번에는 이 사원이 김 대리의 얘기에 진심으로 축하를 하고 있고, 또한 그 감정이 상대방에게 제대로 전달이 되고 있다. 여기서 호응의 감정 표현이 잘 안될 때는 들숨과 감탄사를 활용해서 기쁜 감정을 표현하면 스스로도 잘 느낄 뿐 아니라 상대방에게도 감정이 잘 전달될 수 있다. 그래서 호흡이 중요한 것이다. 호흡을 통해 감정을 잘 보여줄 수 있도록 훈련해보고 점검해보자. 하지만 진심 없이 호흡만으로는 기쁨의 감정이 전달되지 않는다. 기쁜 마음이 있다는 전제하에 호흡을 병행했을 때 효과가 생긴다는 것을 유념해야 한다.

tip 1. 상대방의 얘기를 진심으로 경청한다.
　　　2. 들숨을 쉰다.
　　　3. 제스처와 웃음 등의 비언어적 표현을 같이 한다.

억지로 미소를 지어야 할 때

가정에서나 또는 사회생활을 하면서 본의 아니게 억지로 미소를 지어야 할 경우가 많다. 가령, 내가 기분이 좋지 않거나 또는 싫은 사람을 마주하거나 나보다 높은 사람을 마주해야 할 때 그렇다. 그럴 때 감정 표현이 되지 않는 사람의 경우 곤혹스러울 수가 있다. 그렇기 때문에 그런 상황에서는 미소를 자연스럽게 활용하는 방법을 찾아야 한다.

> **부부 사이의 대화 - 나쁜 예**
>
> 남편 : 잠깐 얘기 좀 해.
> 아내 : 왜?
> 남편 : 요새 안 좋은 일 있어? 얼굴 좀 펴. 애들도 그렇고 나도 계속 눈치를 보게 되잖아.
> 아내 : 뭘 그런 것 같고 그래? 그럼 나보고 어떡하라고?
> 남편 : 왜 화를 내고 그래?
> 아내 : 화를 내는 게 아니라, 나한테 눈치를 주니까 그렇지.

대표적으로 감정조절을 못 하는 경우이다. 물론 자신의 입장만을 생각한다면 굳이 감정을 숨길 필요도 나타낼 필요도 없을 것이다. 하지만 우리는 수많은 사람과 관계를 맺고 다양한 상황에 처해 있을 수밖에 없기 때문에 때로는 감정을 표현해야 할 때도 많다. 억지로 미소를 지어야 할 경우에는 들숨을 활용해야 한다. 숨을 들이쉴 때 기쁜 감정이 생길 수 있기 때문에 들숨을 활용해서 자연스럽게 입가에 미소를 만들어야 한다.

이때 중요한 것은 미소가 부자연스러우면 오히려 상대방이 자신의 진심을 알아챌 수가 있기 때문에 자연스럽게 호흡을 들이마시면서 미소를 지어야 한다.

> **부부 사이의 대화 - 좋은 예**
>
> 남편 : 잠깐 얘기 좀 해.
>
> 아내 : 왜?
>
> 남편 : 요새 안 좋은 일 있어? 얼굴 좀 펴. 애들도 그렇고 나도 계속 눈치를 보게 되잖아.
>
> 아내 : 그래? 나 기분 좋은데. 아무튼 신경 쓰게 해서 미안하네. (들숨)
>
> 남편 : 아냐. 혹시 무슨 일 있는 줄 알고 걱정돼서 그랬지.
>
> 아내 : 아냐. 아무 일 없어. (미소)

tip
1. 최대한 자연스럽게 표정을 짓는다.
2. 침착하게 들숨을 쉰다.
3. 들숨과 동시에 미소를 짓는다.

거짓말을 해야 할 때

거짓말을 하는 상황에서 감정을 어떻게 조절하느냐에 따라 상대방에게 들킬 수도 있고 자연스럽게 보일 수도 있다. 일단 그 거짓말이 선의든 고의든 간에 상대방을 속일 자신이 없거나 냉정함을 유지 못 한다면 이미 평정심을 유지 못 할 확률이 높다.

따라서 여기서의 핵심은 평소처럼 자연스럽게 행동할 수 있는가 하는 부분이다. 보통 거짓말하는 상황에서 비언어적인 부분 즉, 동공이 흔들리거나 손이 부자연스럽다거나 음성이 떨리는 경우가 발생할 때 상대방에게 그 거짓말이 들킬 확률이 높다.

그래서 만약 당신이 거짓말을 해야 하는 상황이라면 심호흡을 통해 최대한 자연스럽게 평소처럼 행동해야 한다.

거짓말을 할 때도 순서가 있다. 평소와 같은 말투와 제스처를 사용해야 한다. 하지만 그럼에도 불구하고 그것이 선의의 거짓말이 아니라 고의적인 거짓말을 할 때는 힘의 기울기가 더욱 발생할 수 있다.

특히, 시선의 불안정함을 극복하는 일이란 여간 어려운 일이 아니다. 그래서 그 상황에서 뻔뻔한 사람은 오히려 정면으로 상대방의 눈을 쳐다볼 수 있는 강심장을 가졌다. 따라서 만약 거짓말을 하는 상황에서 상대방을 정면으로 바라볼 수 있는 자신이 없다면 자신의 일을 하는 척하면서 얘기하라.

하지만 상대방을 완벽히 속일 자신이 있다면 당당히 상대방을 쳐다보는 것이 더 자연스러운 일일 것이다. 이때 상대방의 태도와 반응 역시 태연하게 넘겨야 한다. 거짓말을 할 때는 스스로 감정적인 동요가 일어나기 때문에 객관적으로 생각하고 이성적으로 행동하는 것이 중요하다.

직장에서의 대화 - 나쁜 예

오 과장 : 요새 어디 아파?

김 대리 : 아니요.

오 과장 : 뭐가 아니야? 아까 나한테 혼나서 그런 거야?

김 대리 : 그냥 뭐. 아니에요.

오 과장 : 뭐가 아니야? 맞네. 그런 거 갖고 삐치고 그래.

김 대리 : 저 안 삐쳤는데요.

오 과장 : 뭘 안 삐쳐? 얼굴에 나타나 있는데.

직장에서의 대화 - 좋은 예

오 과장 : 요새 어디 아파?

김 대리 : 아니요.

오 과장 : 뭐가 아니야? 아까 나한테 혼나서 그런 거야?

김 대리 : 아니에요. 요새 좀 일 때문에 정신이 없어서 그래요. (들숨)

오 과장 : 그래? 나한테 삐친 줄 알았지.

김 대리 : 에이 제가 그런 거 갖고 왜 삐쳐요. 맞는 말씀 하셨는데. (미소)

오 과장 : 그럼 다행이고.

거짓말이 들킬 때는 스스로 '눈치를 챈 것 아닌가?', 또는 '내 목소리가 지금 떨리지는 않았을까?'라는 주관적인 생각 그리고 생각의 확대재생산이 형성되기 때문에 오히려 행동을 움츠리게 하고 의식하게 만들 수 있다.

> tip 1. 상대방의 태도와 반응에 평정심 유지
>   2. 최대한 평소와 같이 자연스럽게 함
>   3. 편안한 들숨과 날숨으로 여유와 침착함 유지

Chapter 8
날숨을 활용한 감정처세법

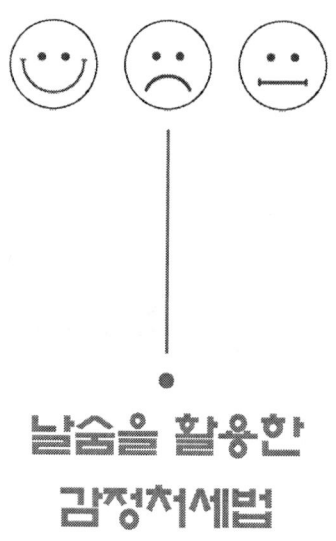

날숨을 활용한 감정처세법

날숨을 통한 감정표현 ─•

살다보면 감정을 숨겨야 할 때가 많이 있다.

특히 화가 날 때의 경우를 생각해 보자.

운전을 하는데 어떤 차가 깜박이를 켜지 않고 갑자기 끼어든다. 깜짝 놀라서 나도 모르게 욕이 나온다. 창문을 열고 삿대질을 한다. 그러자 상대방 역시 창문을 내리고 "어디서 삿대질이야?"라고 한다. 몸에서 땀이 나고 맥박이 빨라지며 호흡이 거칠어진다. "잘못을 했으면 사과를 해야 할 거 아냐?"라고 소리를 친다. 그러자 상대방이 "차 세워!"라고 소리를 지른다. 차를 세우고 다시 말다툼을 한다. 기분은 기분대로 상하고 중요한 약속은 물거품이 되었다.

집에서도 마찬가지이다.

아들이 늦게 들어와서 일찍 들어오라고 한마디 하자 "잔소리 하지 마."라고 바로 받아친다. 짜증이 나고 서운함이 밀려온다. 내가 어떻게 키운 놈인데 하며 화가 치밀어 오른다. 하지만 한 번은 참고 다시 얘기한다. "이게 잔소리가 아니잖아. 널 걱정해서 늦게 다니지 말라고 얘기하는 거 아냐." 그러자 "엄마. 그게 잔소리야. 왜 똑같은 소리를 반복적으로 해?"라고 한다.

화가 치밀어 오른다. 얼굴이 빨개진다. 맥박이 빨리 뛰기 시작하며 호흡이 불규칙적으로 거칠어진다. 그러면서 자신도 모르게 이런 말을 한다. "이 자식이. 그게 엄마한테 할 소리야?" 그렇게 소리를 지르자 아들도 대꾸를 한다. "엄마는 그럼 나한테 왜 그래? 왜 앵무새처럼 말을 반복적으로 해?"라고 한다. 그러자 생각할 겨를도 없이 이런 말을 내뱉는다. "너 그딴 식으로 말하려면 나가. 이 집에서 나가!" 그리고 아들은 정말 집을 나간다.

몇 시간이 지나도 돌아오지 않고 하루가 지나도 돌아오지 않는다. 걱정이 되고 그때부터 후회가 밀려온다. '그때 내가 조금만 이성적으로 생각했다면…', '왜 내가 그런 말을 했을까…' 하지만 이미 일은 일어나고 난 뒤이다.

이처럼 참아야 할 때 감정을 조절하지 못하면 내 스스로 스트레스를 받거나 상대방에게 이성적이지 못한 말 즉, 실언이나 인격모독과 같은 말을 하게 된다.

그렇기 때문에 감정을 참아야 할 때 방법을 아는 것이 중요하다.
바로 감정을 조절할 때 필요한 호흡이 '날숨'이다. 감정자체는 조절하기 힘들기 때문에 그러한 경우에 호흡으로 감정을 조절해야 한다.

그래야 스트레스를 받는 일도 없어지고 남에게 실언을 하거나 실수를 해서 후회하는 일도 줄어들며 대인관계에 있어도 원만한 관계를 유지할 수 있게 된다.

미안할 때

부득이한 경우든 아니면 실수든 사과를 하는 경우가 많다. 하지만 사과를 해도 뭔가가 찜찜하거나 오히려 분위기가 더 냉랭해지는 경우도 있다. 미안함을 느끼지만 그 미안한 감정을 어떻게 표현해야 할지 몰라서 손해를 보는 경우가 많다는 얘기이다.

미안함을 느끼는 것도 중요하지만, 그 미안함을 상대방에게 정확히 전달해서 상대방이 느끼게 하는 것이 더 중요하다.

사과에도 방법이 있다.

지하철에서의 대화 - 나쁜 예
상대방 : (발을 만지며) 아. 아파. 　나　 : 왜요? 상대방 : 왜라니요? 제 발을 밟았잖아요. 　나　 : 몰랐어요. 나도. 아무튼 미안해요. 상대방 : 모르면 다예요? 왜 사과를 안 해요? 　나　 : 사과 했잖아요.

먼저 미안함을 느낄 때는 즉시 사과를 해야 한다. 그리고 사과는 사과다워야 한다. 즉, 상대방에 대해 지적을 하기 전에 내 잘못에 대해 충분히 인정을 해야 상대방도 마음이 열리고 자신의 잘못을 뉘우치게 된다는 의미이다. 사과할 때 많이 하는 실수 중 하나가 자존심을 세우고 내가 사과하기 전에 상대방의 용서를 구하는 행동이다. 그러려면 사과의 의미가 없다.

사과를 할 때는 진심을 담아서 그리고 구체적으로 하는 것이 좋다.

건성으로 하거나 표현을 왜곡해서 하는 사과는 안하느니 못하다.

> ### 지하철에서의 대화 - 좋은 예
>
> 상대방 : (발을 만지며) 아. 아파.
>   나 : 왜요?
> 상대방 : 왜라니요? 제 발을 밟았잖아요.
>   나 : 앗. 죄송해요. 정말 죄송합니다. (날숨)
> 상대방 : 아니에요. 괜찮아요.
>   나 : 제가 실수로 밟았나 봐요. 죄송합니다. (날숨)
> 상대방 : 아. 네. 괜찮아요.

위의 대화에서는 상대방의 발을 밟은 것에 대해 즉시 사과를 하고 있다. 그리고 말로만 사과를 하는 것이 아니라 날숨의 호흡을 활용해서 진심을 담아 사과를 하고 있다. 진심이 느껴지는 사과는 상대방도 느낄 수 있기 때문에 더 일이 커지는 것을 미연에 방지할 수 있다. 사과를 할 때는 자존심을 세우지 않고 날숨의 호흡과 더불어 진심어린 미안한 마음을 전해야 사과의 진정성을 제대로 전달할 수 있다.

tip 1. 진심으로 상대방에게 미안해 한다.
   2. 날숨으로 감정을 더 함.
   3. 무엇을 잘 못했는지 구체적으로 사과하고 용서를 구해야 함.

위로할 때 ───•

　　　　　　　누군가 내 얘기를 진심으로 귀를 기울이고 보듬어줄 때 감동을 받게 된다. 지금처럼 각박한 세상에서 공감을 해주고 따뜻한 말 한마디를 건네는 것이야말로 인간관계를 돈독히 하는 방법이라 할 수 있다.

　하지만 건성으로 상대방의 얘기를 들어주거나 진심이 느껴지지 않는 말을 하는 것은 오히려 '이 사람은 나를 진심으로 대하지 않는구나.'라는 역효과를 줄 수도 있다.

　또는, '나는 따뜻하게 상대방에게 내 맘을 전했는데 왜 상대방은 내 맘이 느껴지지 않는다고 하지?'라는 의문표가 생기는 경우도 있다.

친구와의 대화 - 나쁜 예

나　 : 오늘 무슨 일 있었어? 안색이 안 좋은데?
친구 : 아니야. 그냥 좀 일이 있었어.
나　 : 무슨 일인데?
친구 : 사실은 오늘 지난번에 본 시험 결과 나왔는데 떨어졌거든.
나　 : 뭘 그런 걸 갖고 그래?
친구 : 그런 거라니? 나름대로 기대 많이 한 시험이었어. 될 줄 알았지.

　위로라는 것은 상대방에게 진심과 배려가 전달 돼야 한다. 그러려면 먼저 상대방의 얘기를 따스하게 경청해야 한다. 위의 대화에서 나는 친구의 말에 '수박 겉핥기'의 위로를 하고 있다. 그러면 상대방 역시 더 이상 나에게 자신의 고민을 얘기하지 않게 될 것이다. 만약 비언어적인 표현이 부족하다면 상대방이 느끼기에 진심이 전달되지 않을 수가 있기 때문에 그런 의미에서 위로의 감정표현을 할 때는 날숨을 활용해서 상대방의 말에 공감을 하는 것이 더욱 전달이 잘 될 수 있다. 거기에 목의 끄덕임이나 시선맞춤과 같은 비언어를 동시에 하면 효과는 배가 될 수 있다.

> **친구와의 대화 - 좋은 예**
>
> 나 : 오늘 무슨 일 있었어? 안색이 안 좋은데?
> 친구 : 아니야. 그냥 좀 일이 있었어.
> 나 : 무슨 일인데? 얘기해 봐.
> 친구 : 사실은 오늘 지난번에 본 시험 결과 나왔는데 떨어졌거든.
> 나 : 에휴. 진짜 기분 그렇겠다. 네가 얼마나 준비했는지 내가 잘 알지. (날숨)
> 친구 : 나름대로 기대 많이 한 시험이었어. 될 줄 알았지. 아무튼 고마워.

위의 대화에서는 친구가 시험 결과가 좋지 않아 낙심을 하고 있는 상황에서 내가 어떻게 대응하는가가 관건이다. 먼저 친구가 '이 친구에게 이 얘기를 해도 되나?'라고 눈치를 보는 상황에서 편하게 얘기를 꺼낼 수 있도록 분위기를 만들어주는 것이 중요하다. 그리고 힘들게 얘기를 꺼낼 때는 위의 나처럼 날숨을 통해 진심어린 공감이 전달될 수 있도록 표현하는 것이다. 또한, 호흡을 억지로 끌어내는 것이 아니라 공감과 이해로써 상대방의 마음을 헤아려줘야 상대방도 나의 진심을 느낄 수가 있는 것이다.

> tip
> 1. 진심으로 상대방의 얘기를 경청한다.
> 2. 날숨으로 감정을 이입한다.
> 3. 공감과 이해로써 상대방을 진심으로 위로해 준다.

화를 참아야 할 때

많은 한국인이 분노조절장애 증후군을 앓고 있다. '빨리빨리 문화', '결과주의', '성과주의', '간판주의'라는 미명하에 스트레스가 극에 달해 있기 때문이다. 그리고 이 스트레스는 활성산소와 아드레날린을 과다 분비함으로써 생명을 단축시킨다. 또한, 고혈압과 뇌경색의 원인이 되기도 한다.

또 다른 측면에서 화를 낼 때 그 당시에는 마치 일이 해결되는 것 같지만, 사실은 진통제와 같아서 순간적인 처방만 될 뿐 나중에는 더 큰 화를 불러일으키거나 상대방이 나를 기피하게 된다.

그리고 화가 날 때의 가장 큰 문제는 이성적인 판단을 할 수 없기 때문에 실언을 하거나 인격적인 공격을 할 확률이 상당히 높아진다.

그런 의미에서 '화'를 내는 것은 사실 백해무익하다. 그렇기 때문에 화를 잘 참을 수 있느냐는 건강뿐만 아니라 처세술에서도 중요한 부분이 될 수 있다.

화가 날 때는 이성적인 생각이 들지 않기 때문에 주관적으로 빠져 생각하거나 사소한 것을 확대 해석하는 경향이 크다. 그래서 화가 날 때는 심호흡으로 먼저 나 스스로 동요되지 않도록 평정심을 유지 하는 것이 중요하다. 그리고 최대한 객관적으로 이성적으로 생각하려는 노력을 병행해야 한다. 그러고 나서 침착하게 상대방에게 흥분을 가라앉히도록 유도해야 한다. 만약 그래도 상대방이 말을 듣지 않을 때는 차분하게 주의를 줘야 한다.

> **자녀와의 대화 - 나쁜 예**
>
> 아들 : 엄마가 먼저 내가 하는 일마다 태클을 걸면서 짜증나게 하잖아.
> 엄마 : 말을 좀 곱게 해.
> 아들 : 엄마도 나한테 명령하지 마.
> 엄마 : 말하는 싸가지 좀 봐. 엄마한테 그렇게 말하라고 배웠냐?
> 아들 : 엄마 잔소리가 심하니까 짜증나는 거야.
> 엄마 : 너 잘되라고 하는 거지, 너 안 되라고 하는 거야?
> 아들 : 됐어. 엄마랑은 말이 안 통해.

가정에서 흔히 있을 수 있는 부모와 자녀와의 대화이다. 아들은 엄마의 잔소리에 이미 예민해져 있고, 엄마는 아들이 걱정돼서 하는 말인데 아들이 예민하게 받아들여서 서운하고 화가 난다. 하지만 감정적으로 상대방을 대하면 상대방 역시 자신을 방어하려는 본연의 성질이 있기 때문에 절대로 좋은 말이 나오지 않는다. 그렇기 때문에 화는 화를 낳는 악순환이 되는 것이다. 따라서 이때 호흡 중에서도 날숨으로 심호흡을 하면서 부교감신경을 자극해서 감정을 이완시키고 이성적으로도 객관적이고 차분한 생각을 하려고 하는 것이 중요하다. 그리고 왜 갈등이 생겼는지를 냉정하게 생각하고 이성적으로 타협점을 찾으려는 노력이 필요하다.

자녀와의 대화 - 좋은 예

아들 : 엄마가 먼저 내가 하는 일마다 태클을 걸면서 짜증나게 하잖아.
엄마 : 흥분하지 말고 얘기 해.
아들 : 엄마도 나한테 명령하지 마.
엄마 : 명령하는 게 아니라, 그냥 얘기를 하는 거잖아. (날숨)
아들 : 좀 전에 엄마가 소리를 높이면서 얘기했잖아.
엄마 : 알았어. 나도 언성 높이지 않을 거니까, 너도 좀 가라앉혀봐. (날숨)
아들 : 알았어.

위의 대화에서 아들이 엄마의 조언을 잔소리라 생각하고 예민하게 반응하고 있다. 이때 엄마가 날숨으로 심호흡을 하면서 감정을 이완시키고 차분히 얘기하려는 시도를 하고 있다. 날숨은 부교감신경을 자극하기 때문에 이성적이고 객관적인 생각을 할 수 있도록 도움을 줄 수 있다. 이때 심호흡이 상대방에게 들키면 오히려 역효과를 줄 수 있기 때문에 자연스럽게 심호흡을 하는 습관을 길러야 한다.

운전 중의 대화 - 나쁜 예

운전자 : 아니, 이 양반아 차를 좀 비켜줘야 할 것 아냐!
나 : 흥분하지 마시고요. 제가 먼저 깜빡이를 켰잖아요.
운전자 : 이 양반아 사고 날 뻔했잖아!
나 : 왜 화를 내요? 뭘 잘했다고?
운전자 : 뭐? 이 양반이 어따 대고 삿대질이야?
나 : 뭐 임마? 차 세워 당장!

운전 중에서 흔히 일어날 수 있는 대화이다. 가는 말이 곱지 않으면 오는 말도 고울 리 없다. 하지만 감정적인 것은 더 큰 감정을 낳게 되고, 화는 더 큰 화를 부르게 된다. 따라서 이때 호흡 중에서도 날숨으로 심호흡을 하면서 부교감신경을 자극해서 감정을 이완시키는 것이 중요하다. 또한, 심호흡을 하는 것이 부자연스럽거나 티가 날 경우 오히려 상대방을 자극하기 때문에 최대한 자연스럽게 미소를 띠며 티를 내지 않는 것이 중요하다.

> **운전 중의 대화 - 좋은 예**
>
> 운전자 : 아니, 이 양반아 차를 좀 비켜줘야 할 것 아냐!
> 나　　 : 흥분하지 마시고요. 제가 먼저 깜빡이를 켰잖아요. (날숨)
> 운전자 : 이 양반아 사고 날 뻔했잖아!
> 나　　 : 화 내지 마시고요. 소리 지르지 말고 말씀하셨으면 해요. (날숨)
> 운전자 : 뭐요? 내가 지금 화가 안 나게 생겼어요?
> 나　　 : 계속 화내시면 저도 더 얘기 할 수가 없을 것 같아요.

운전 중에는 언제든지 위험한 상황이 연출될 수 있기 때문에 신경이 예민한 경우가 많다. 하지만 소리를 지르거나 화를 내면 상대방도 기분이 안 좋고 운전자 역시 스트레스를 받게 된다. 마치 흡연처럼 담배를 피우면 순간은 감정이 이완이 되는 것 같지만, 결국 몸에는 유해물질이 쌓이는 것과 같다. 그렇기 때문에 화를 내지 않고 침착하게 대응하는 것이 중요하다. 위의 대화에서는 상대방이 흥분을 하지만 나 스스로 날숨의 호흡을 통해 흥분을 가라앉히고 있다. 그러다보니 자연스럽게 서로 진정이 되고 있다. 마찬가지로 그런 흥분상황에서는 호흡을 통해 감정을 가라앉히는 것이 중요하다는 것을 유념하고 생각과 훈련을 통해 감정을 조절해야 한다.

직장에서의 대화 - 나쁜 예

김 대리 : 지원 씨. 보고서 다 썼어?
유 사원 : 아직요.
김 대리 : 아직까지 뭐한 거야? 나도 지금 팀장님한테 보고해야 하는데.
유 사원 : 그게 요새 밀린 일이 많아서요.
김 대리 : 그럼 누구는 놀아? 여기 일 적은 사람이 어디 있어?
유 사원 : 저도 열심히 하고 있어요. 지금 저도 최선을 다 하는 거잖아요.
김 대리 : 그래서 뭐 알아달라고?

위의 대화에서는 김 대리가 감정적으로 나왔을 때 유 사원도 같이 흥분했을 때이다. 감정적으로 나온다고 해서 같이 감정적으로 받아치는 것은 서로에게 앙금만 쌓일 뿐 서로에게 도움이 되는 것은 없다. 즉, 그러한 대화는 현명한 방법이 아니다.

직장에서의 대화 - 좋은 예

김 대리 : 지원 씨. 보고서 다 썼어?
유 사원 : 아직요.
김 대리 : 나 지금 팀장님한테 보고해야 하는데. 언제까지 돼?
유 사원 : 그게 요새 밀린 일이 많아서요. 5시까지는 할 수 있을 것 같아요. (날숨)
김 대리 : 팀장님한테 4시까지 보고를 맡아야 하거든. 내가 좀 도와 줄 테니 4시까지 해 보자.
유 사원 : 네 알겠습니다.

상대방이 동요를 할 때는 처음에는 상대방이 원하는 대로 분위기를 지배하는 것 같지만 결국에는 침착하게 대응하는 사람이 상황을 지배할 수밖에 없다. 왜냐하면, 흥분하는 사람은 평정심을 유지하지 못하기 때문에 자기도 모르는 사이에 실수를 하거나 하지 말아야 할 말을 할 가능성이 높기 때문이다.

하지만 상대방이 그럼에도 계속 흥분상태인 경우에는 차분함을 유지하되 방법을 달리해야 한다. 이런 경우에도 절대 흥분을 해서는 안 된다. 왜냐하면 상대의 막말이나 감정 때문에 앙금이 생기게 되고 결국 그 사람에 대한 호감과 신뢰가 떨어지게 된다. 흥분하는 순간은 그 사람이 당장은 분위기를 지배하는 것 같더라도 나중에는 만남이 꺼려지기 때문에 결국 흥분하는 사람이 불리한 위치에 서게 되는 것이다.

스스로 화가 날 경우에는 이성적인 생각을 하기가 어렵기 때문에 상대방에게 실언을 하거나 실수 또는 폭언을 할 확률이 높아진다.

화가 날 때는 아드레날린이라는 호르몬이 분비되기 때문에 더 공격적이 될 수밖에 없다. 아드레날린은 우리 몸을 방어하기 위해 분비되는 호르몬으로써 긴장 상태를 오랫동안 유지할 수 있다. 따라서 화가 날 때는 부교감신경을 자극하는 날숨과 심호흡을 천천히 내뱉으면서 긴장 상태를 이완시켜야 한다.

그럼에도 불구하고 상대방이 감정을 고집한다면 자리를 피하는 것이 좋다. 흥분을 자제 할 수 없는 사람과 상대하는 것은 결국 아무런 이익이나 도움이 되지 않기 때문에 일단은 그 상황을 피하거나 흥분이 자제 될 때까지 기다려 주는 것이 힘의 기울기에서 손해를 보지 않는 현명한 방법이다.

지나치게 흥분해 있는 상대에게 무언가를 말을 하게 되면 나 역시 감정적으로 나올 확률이 높기 때문에 차라리 자리를 피하거나 기다려 주는 것이 좋은 방법이 될 수 있다.

tip 1. 최대한 침착하고 차분하게 얘기함
     2. 크게 심호흡을 하면서 평점심 유지
     3. 그래도 안 될 때는 다른 생각을 하거나 침묵 또는 자리를 피함

기쁜 감정을 숨겨야 할 때

때로는 기쁜 감정을 숨겨야 할 때도 있다. 가령, 어떤 사람이 잘 안됐는데 나만 잘 됐을 경우 또는, 다른 사람들은 기분이 안 좋은데 나만 기분이 좋은 경우에 그렇다. 그럴 때 참 난감한 경우가 많다.

사실 내가 기쁜 상황에서 감정을 숨기는 것이 쉽지만은 않다. 하지만 사람이라는 동물은 관계 속에 살아가는 사회적 동물이기에 때로는 내 감정도

중요하지만, 상대방을 배려하는 처세가 더 중요할 때가 있다.

> **가정에서의 대화 - 나쁜 예**
>
> 형님 : 이번에 승진 축하해.
> 동서 : 감사해요. 남편이 안 될 줄 알았는데 생각지도 못하게 돼서 너무 좋아요.
> 형님 : 우리 남편은 올해도 승진 못했네.
> 동서 : 내년엔 꼭 승진 하실 거예요.
> 형님 : 집에서 남편 눈치 보는 것도 못해 먹겠네.
> 동서 : 힘내세요. 형님
> 형님 : 좋겠네. 승진해서.

위의 대화에서는 동서가 자신만의 기쁜 감정을 숨기지 못하고 있다. 물론 그런 행동이 잘 못된 것은 아니지만, 상대방의 입장에서는 충분히 얄미울 수가 있다. 그렇기 때문에 설령 기분이 좋더라고 하더라도 때론 감정을 숨길 필요가 있다.

그럴 때는 날숨을 통해 호흡을 가라앉혀야 한다. 우리가 '우울해' 하는 것보다 날숨과 같이 '우울해'라는 말을 할 때 더 빨리 우울한 감정이 생기는 것처럼 호흡을 통해 기분을 가라앉히는 것이 효율적일 수 있다.

> **가정에서의 대화 - 좋은 예**
>
> 형님 : 이번에 승진 축하해.
> 동서 : 감사합니다.
> 형님 : 우리 남편은 올해도 승진 못했네.
> 동서 : … (날숨)
> 형님 : 아, 집에서 남편 눈치 보는 것도 못해 먹겠네.
> 동서 : 형님, 괜히 저 때문에. 죄송해요. (날숨)
> 형님 : 아냐, 뭐가 죄송해? 내가 분위기 다 깼네.

동서가 남편이 승진을 해서 기쁘지만 형님 집의 승진에서 탈락한 것을 들숨을 통해 위로하고 있다. 여기서의 포인트는 나의 감정을 숨기면서 상대방을 위로하는 것이다. 기쁜 감정은 호흡을 통해 즉, 날숨을 활용해 가라앉힐 수 있다. 상대방이 눈치 채지 못하게 자연스럽게 행동하는 것이 중요하다. 또한, 상대방의 반응을 보면서 감정을 표현하는 것 역시 중요한 부분이다.

tip 1. 최대한 자연스럽게 행동한다.
   2. 상대방의 반응을 보며 침착함을 유지
   3. 천천히 날숨을 내뱉으며 감정조절

EMOTION

EMOTION

EMOTION

Chapter 9

다양한 상황에서 감정처세법

다양한 상황에서 감정처세법

긴장할 때 ─────•

발표를 하거나 낯선 사람 앞에 설 때, 그리고 많은 사람들 앞에 있으면 누구나 긴장을 하게 된다.

긴장할 때 우리의 호흡은 가파르게 된다. 교감신경의 작용으로 긴장 상태가 되고 긴장 상태로 인해 맥박이 빨리 뛰기 때문이다. 따라서 여기서의 핵심은 얼마나 빨라진 호흡을 진정시킬 수 있느냐는 것이다.

가령, 자기소개의 상황을 예로 들어보자.

> **발표 - 나쁜 예**
>
> 안녕하세요. 여러분.
> 저는 오늘 이 자리에서 OO주제를 가지고 프레젠테이션을 하고자 합니다.
> 일단 제가 준비해온 목차는 다음과 같습니다. (중간생략)
> 앞으로 잘 부탁드립니다.

위의 경우에는 발표자가 얼마나 긴장했는지가 느껴진다. 긴장을 할 때 우리는 맥박이 빨라지고 동공이 커지며 시선이 불안해진다. 긴장 상태가 되기 때문에 생각 역시 편안해지기 어렵기 때문에 말을 할 때 더듬거나 다른 얘기를 하게 된다. 그렇기 때문에 이럴 때는 날숨과 심호흡을 통해 스스로의 감정을 통제해야 한다. 또한 미소와 침묵을 활용해서 스스로 자연스러운 상태를 만들어야 편안하게 말을 할 수 있는 환경을 마련할 수 있다. 그렇지 않으면 실수가 반복되면서 더 긴장을 하게 되는 악순환을 경험할 수밖에 없다.

> **발표 - 좋은 예**
>
> 안녕하세요. 저는 OOO입니다.
> 오늘 이렇게 바쁘신 데도 불구하고 상당히 많은 분들이 와 주셨네요.
> (들숨)
> 먼저 화면을 보시면 오늘 주제는 OOO이고 목차는 다음과 같습니다. (날숨)
> 편안하게 제 얘기에 집중해 주시면 감사하겠습니다.

긴장을 유발하는 커다란 이유는 '잘 하고자 하는 욕심' 때문이다. 잘하려고 할 때 우리는 더 긴장을 하게 되고 긴장을 하다 보면 오히려 실수를 하게 되는 아이러니한 상황에 놓이게 된다.

따라서 대중 앞이나 많은 사람들 앞에 설 때는 잘하려는 생각보다 그냥 편안히 말을 하자라는 생각을 하는 것이 오히려 더 효과적일 수 있다.

tip 1. 침착함과 냉정함을 유지한다.
2. 최대한 자연스럽게 말과 행동을 한다.
3. 천천히 날숨을 쉰다.

서두를 때 ———●

사회가 각박해지다 보니 마음이 급박해지는 경우가 많다. 그래서 요새 사람들은 서두르는 경향이 더 많아지고 있다.

의욕이 앞설 때는 일을 그르칠 확률이 높다. 그렇기 때문에 얼마나 내가 침착하게 사태를 볼 수 있는가가 중요하다.

예를 들어 어떤 물건을 사려고 한다. 그런데 보자마자 맘에 들었다. 그럴 때 대부분은 그 물건을 살 것이다. 하지만 다른 곳에 가보니 같은 가격에 더 좋은 물건이 있었다. 후회가 밀려온다. '내가 왜 급하게 서둘렀을까?'라는 생각에 자신을 질책한다. 물론 어떤 결정을 할 때 신중함 못지않게 타이밍 역시 중요하다.

만약 그 물건을 사려고 했는데 고민이 들어서 며칠 있다가 와보니 이미

팔렸다면? 물론 그런 경우도 있다. 그렇기 때문에 신중한 것과 망설이는 것은 구별되어야 하고 재빠른 것과 서두르는 것의 차이를 알아야 한다. 하지만 어떤 경우이든 그 순간에 있어서는 냉철해야 한다. 다시 예로 들어가면 물건을 살 때 그 물건이 아무리 맘에 들었다고 하더라도 이것이 지금 내가 서두르고 있는 건지 또는 대안이 없는 건지 다시 선택을 해도 나는 이런 선택을 할 것인지 충분히 효용가치가 있는 것인지를 충분히 생각해 보라는 것이다.

지나치게 의욕적일 때는 몇 번이고 생각해 보아야 한다. 현명한 사람은 그러한 경험을 토대로 생각의 시간을 줄인다. 하지만 그렇지 않은 경우에는 충분히 생각할 시간을 가지는 것이 좋다. 그래야만 선택의 후회를 줄일 수가 있다. 지나치게 의욕적일 때는 차라리 그 선택을 피하거나 장소를 피해가라. 그리고 생각해도 괜찮다. 충분히 이성적일 때까지 그리고 객관적으로 상황을 파악할 수 있을 때까지 기다려라. 그래야 감정을 다스릴 수 있다.

의욕이 앞서는 경우에는 재차 확인해야 한다. 그 결정이 옳은 것인지 몇 번을 선택해도 마찬가지일지 객관적으로 현명한 선택일지를 말이다. 그럼에도 불구하고 그 선택이 옳다면 행하라. 하지만 그럴 자신이 없는 경우라면 기다려라. 기다려도 절대 늦지 않다.

그리고 그럴 때는 날숨을 통해 감정을 진정시키는 것이 중요하다. 호흡을 통해 부교감신경을 자극해서 감정을 편안하게 만들면 객관적으로 상황을 파악하는 데 많은 도움을 줄 수 있다.

돌이켜보면 우리가 그 순간에는 옳다고 했던 것들이 지나고 나면 서둘렀던 결과라고 생각했던 뼈아픈 경험이 많을 것이다. 객관적으로 시간을 버는 것은 바로 그러한 어설픈 행동을 자제하는 현명한 방법이다.

> **tip** 1. 날숨으로 시간을 의도적으로 번다.
> 2. 장, 단점을 충분히 파악하려고 한다.
> 3. 최대한 차분히 생각하려는 노력

갈팡질팡할 때

어떤 상황에 대해 선택을 못 해서 갈팡질팡할 때 정말 난감한 경우가 있다. 그리고 잘못선택을 했을 때 선택의 결과는 본인의 책임이 따르기 때문에 신중해야 한다. 하지만 많은 경우에 어떤 선택을 하기 전에 신중하지 못해서 일을 그르치는 경우가 많다.

가령, 날씨가 푹푹 찌는 상황에서 상태에서 밖에서 누군가를 기다려야 한다. 그런데 지금 30분이 지나도 상대방이 전화를 받지 않고 있다. 날씨는 점점 더워지고 있다. 그렇다면 나는 어떻게 할 것인가?

이때 생기는 경우의 수는 다음과 같다.

> 1. 무작정 기다린다.
> 2. 약속을 파하고 돌아선다.
> 3. 시간을 정하고 기다린다.

일단 그 약속이 나에게 얼마나 중요한 의미인지를 생각해야 한다. 만약 그 약속이 계약이라든가 또는 일생일대의 중요한 것이라면 기다리는 것이 맞다. 하지만 다음에도 볼 수 있는 상황이라면 집에 가는 것이 좋은 방법이다. 어차피 잘못은 내가 한 것이 아니라 그 사람이 잘못을 한 것이기 때문이다. 하지만 이때 주의해야 할 점은 그것이 나만의 생각인지 아니면 상대방도 동의할 수 있는 경우 인지이다. 가령 상대방이 어쩔 수 없이 늦을 수밖에 없었다면 내가 30분만 기다렸다가 가는 경우 서운함이 생길 수 있다.

그렇기 때문에 그런 상황이라면 냉정하게 내가 상대방에게 알릴 수 있는 조치를 다 했는지, 그리고 내가 얼마나 기다릴 수 있는 것인지 또한 내 일 때문에 몇 시까지만 기다릴 수 있는지를 합리적으로 생각하는 것이 현명한 방법이다.

어떤 물건을 살 때도 마찬가지이다. 예를 들어, 어느 가게에서 옷이 맘에 들었다. 이것을 살지 말지 고민이다. 그럴 때의 경우의 수는 다음과 같다.

> 1. 옷을 산다.
> 2. 좀 더 돌아보고 결정을 한다.
> 3. 옷을 사지 않는다.

만약 그 옷이 하나밖에 없는 경우이고 대기 손님이 많은 상황인데 다른 곳에도 팔지 않는 물건이면서 내게 꼭 필요한 경우라면? 그럴 때는 과감하게 사는 것이 좋다. 하지만 이 물건을 꼭 사야 할 명분이 없는 경우라면? 그럴 때는 시간을 벌면서 우선순위를 두고 생각하는 것이 좋다. '내가 과연 이 물건을 꼭 사야 하는가? 아니면 다른 것이 더 중요한 순위는 아닌가?' 등의 생각을 침착하게 하는 것이 좋다.

그럼에도 불구하고 그 옷을 사야 하는 데 있어 명확한 명분이 서지 않는 경우라면 그 물건을 굳이 살 필요가 없는 것이다.

그러한 경우 역시 침착함을 유지하기 위해 날숨을 활용해야 한다. 날숨을 통해 합리적으로 우선순위를 하는 시간을 벌고 심리적으로도 안정을 취하는 것이 중요하다.

이처럼 어떤 선택을 두고 갈팡질팡하는 경우라면 다각도에서 생각하는 것이 좋다. 우리가 어떤 선택을 그르치는 대부분은 숲을 보지 않고 나무를 보는 경우이다. 그 순간에는 중요하다고 생각하는 것이 지나고 보면 그리고 객관적으로 생각하면 아무것도 아닌 것이 있다.

그리고 그러한 때에 필요한 것은 호흡이다. 호흡은 들숨과 날숨이 있는데 흥분을 가라앉히거나 침착함을 유지할 때 필요한 호흡은 날숨이므로 심호흡을 이용해서 이성적인 생각이 들게 해야 한다.

> tip 1. 최대한 객관적으로 생각하려는 노력
>   2. 날숨을 통해 평정심을 유지한다.
>   3. 합리적으로 우선순위를 둔다.

상대방이 흥분할 때

사회생활을 하다 보면 감정적으로 상황이 바뀔 때가 많다. 이때 상황에 감정적으로 대처하다 보면 본의 아니게 상대방에게 상처를 주거나 실수를 할 확률이 높기 때문에 감정적으로 나오는 사람이 불리하게 된다.

이것은 일반적인 상황에서도 마찬가지이다.

> **가정에서의 대화 - 나쁜 예**
> 엄마 : 왔어? 왜 이렇게 늦게 들어와?
> 아들 : 알았어. 그만해.
> 엄마 : 뭘 그만해? 일찍 들어오라고 얘기하는 건데.
> 아들 : 또 나한테 잔소리 하려고 하잖아.
> 엄마 : 말끝마다 그렇게 바득바득 대들어야 직성이 풀리니?
> 아들 : 엄마가 먼저 날 건드렸잖아!

위의 대화에서 엄마가 하는 조언을 아들은 잔소리라 여기고 짜증을 낸다. 아들이 짜증을 내자 엄마 역시 서운함을 느끼고 화를 내고 있다. 감정을 감정으로 받아들이는 것은 더 큰 화를 초래할 수 있다.

> **가정에서의 대화 - 좋은 예**
>
> 엄마 : 왔어? 왜 이렇게 늦게 들어와?
> 아들 : 알았어. 그만해.
> 엄마 : 그냥 물어보는 거야. 밥은 먹었는지 걱정도 되고. (날숨)
> 아들 : 먹고 들어왔어.
> 엄마 : 그래. 씻고 쉬어. 냉장고에 과일 있으니 이따 먹어. (들숨)
> 아들 : 어. 알았어.

이럴 때는 먼저 세 가지 경우의 수를 놓고 생각해 보아야 한다.

먼저 내가 더 감정적일 때는 일단 상황을 객관적으로 판단하려는 눈이 필요하다. 그 상황에서 객관적으로 내가 잘못을 했다면 진심으로 사과를 하는 것이 상황을 최소한 불리하게는 만들지 않을 수 있다.

두 번째는 상대방이 더 감정적일 때이다. 이때는 상대방에게 바로 잘못을 얘기하는 방법보다는 상대방이 흥분을 가라앉힐 때까지 기다리는 것이 현명한 방법이다. 상대방이 감정적으로 흥분해 있을 때 어떤 문제를 해결하는 것은 효율적이지 않다. 그럴 때는 그 사람의 시각이 객관적으로 될 수 있도록 차분한 대화를 통해 도와준다거나 또는 감정이 차분해지도록 기다려 주는 것이다.

둘 다 감정적일 때도 마찬가지이다. 객관적으로 이 상황에서 어떤 것이 잘못이고 무엇을 잘못했는지를 차분히 생각하는 것이 중요하다. 그래야만 서로에게 상처를 주거나 불리한 상황에 처하지 않게 된다.

이처럼 감정적으로 흥분한 상태는 이성적인 판단을 할 수가 없기 때문에 실수를 많이 하거나 실언을 할 확률이 많아진다.

그럴 때는 최대한 이성적으로 생각하려는 노력이 필요하다. 또한, 날숨을 통해서 침착함을 유지하면서 상대방의 행동에 동요하지 않는 평정심이 필요하다. 상대가 흥분을 하고 있는데 같이 흥분해 버리면 서로에 대한 감정이 더 상할 확률이 높기 때문에 그럴 때 맞받아치는 전략은 좋은 방법이 아니다.

tip 1. 최대한 이성적으로 생각하려고 노력
     2. 날숨을 통해 침착함을 유지
     3. 상대방의 말과 행동에 동요하지 않는다

싫은 사람과 있을 때

싫은 사람과 같이 있거나 대화를 하는 것만큼 곤혹스러운 것은 없다. 대부분 그런 상황에서는 표정이나 시선 또는, 말투에서 싫어하는 티를 내는 경우가 많다. 자신은 티를 안 냈다고 하지만 상대방이 그것을 알아챈다면 티가 났다는 증거가 된다.

특히, 사회생활에서는 좋아하는 사람들만 관계를 맺는 것이 아니라 때로는 싫어하는 사람들과도 대인관계를 맺어야 하는 상황이 많다. 그렇기 때문에 자신의 감정을 숨기는 것이 중요하다.

먼저 싫어하는 티를 내면 안 된다. 왜냐하면 싫어하는 티를 내는 순간 이미 감정적이기 되기 때문에 상대방으로 하여금 나의 감정과 상태가 읽히기 되고 또한 그러한 것은 긍정적인 상황을 만들기 어려우므로 좋은 방법이 아니다.

> **직장에서의 대화 - 나쁜 예**
>
> 유 과장 : 요새 일은 잘 돼가?
> 김 대리 : 네. 월 말이라 제출할 서류들이 많긴 해요.
> 유 과장 : 다들 일이 많지. 특별히 김 대리만 많은 건 아니잖아.
> 김 대리 : 그냥 저도 제 얘길 한 것뿐인데요.
> 유 과장 : 뭐? 내 얘기가 기분 나빠?
> 김 대리 : …

위의 대화에서는 김 대리가 유 과장을 싫어하는 티를 냈다는 것이 문제이다. 감정을 숨기려고 해도 말투나 표정과 같은 감정에서 비언어적인 표현이 나온다면 상대방이 금세 알아챌 수 있다. 아마도 김 대리의 표정에서 그러한 싫은 감정이 나와서 유 과장이 감정이 상했을 것이다. 따라서 감정을 숨기는 훈련을 호흡을 통해서 하는 것이 필요하다.

> **직장에서의 대화 - 좋은 예**
>
> 유 과장 : 요새 일은 잘 돼가?
> 김 대리 : 네. 월 말이라 제출할 서류들이 많긴 하지만 해야죠 뭐. (들숨)
> 유 과장 : 다들 일이 많지. 특별히 김 대리만 많은 건 아니잖아.
> 김 대리 : 네 맞아요. 과장님도 일이 많으셔서 힘드시겠어요. (날숨)
> 유 과장 : 그냥 그렇지 뭐.
> 김 대리 : 요새 월 말이라 다들 바쁘시더라고요. (미소)

여기서는 김 대리가 자연스럽게 들숨과 날숨을 활용해서 싫은 감정을 숨기고 있다. 대부분은 '내 감정이 들키면 어떡하지?'라는 생각 때문에 오히려 더 어색해지는 경우가 많다. 그래서 그러한 경우에는 오히려 평소와 같은 행동으로 자연스럽게 대화를 나누면 된다. 또한, 싫은 사람이 앞에 있기 때문에 맞장구와 호응이 어려울 수가 있기 때문에 그럴 때는 들숨과 날숨의 호흡을 통해서 기뻐하기도 하고 위로하기도 해야 한다.

어떤 사람들의 경우 싫은 사람에게 막 대하는 경우나 막말하는 경우도 보았지만, 세상살이는 인과응보의 상황이 많기 때문에 그러한 태도는 좋은 방법이 아니다. 그런 것보다는 남들을 대하듯이 똑같이 대하는 것이 좋다. 대신 더 이상 그 사람을 신뢰하지 않으면 그만이다.

더욱이, 상대방을 계속 봐야 할 상황이라면 포커페이스를 유지해야 한다. 여기서 포커페이스란 싫어하는 티를 내지 않아야 한다는 것이다. 이것 자체가 연기를 하는 것이지만, 싫어하는 티를 내지 않아야 된다는 말은 스스로도 편안해져야 한다는 의미이다. 왜냐하면, 앞으로 계속 볼 사이기 때문에 신경을 쓸수록 자기만 손해이다. 그리고 신경을 쓸수록 상대방과의 관계에서 불리하게 된다. 차라리 그 사람이 이야기를 할 때 다른 생각을 하는 것도 하나의 방법이다.

내가 그 사람으로 인해 스트레스를 받을수록 점점 더 신경을 쓸 수밖에 없고 객관적으로 상황을 보는 능력이 떨어지게 된다.

tip 1. 최대한 자연스럽게 대하려고 함
2. 날숨을 통해 침착함을 유지
3. 기대치를 낮추고 대화를 함

감정을 다스리는 방법

1. 감정을 숨겨야 할 때
2. 감정을 드러내야 할 때

세상을 살다 보면 감정을 숨겨야 할 때가 많다. 때로는 인간관계에서 좋은 사람들도 만나지만 편하지 않은 사람을 만났을 때 어떻게 대처해야 하는가에 대해 생각을 많이 한다. 많은 사람들의 고민 중 하나가 그럴 때 어떻게 포커페이스를 유지하는 가이다.

사람들과의 관계에 있어서 흥분하거나 감정적인 모습을 보일 때 이미 불리한 상황에 처하게 된다. 흥분을 하게 되면 교감신경의 작용으로 인해 아드레날린이 나오게 되고 아드레날린의 성분 자체가 나를 보호하기 위해 상대방을 공격하는 형태로 작용하면서 결국 이성적으로 대처하기 보다는 감정적인 행동을 유발하게 된다.

그리고 감정을 숨기는 가장 효율적인 방법은 날숨과 심호흡을 통해 감정을 가라앉히거나 또는 포커페이스를 유지하는 것이다. 호흡은 바로 감정과 직접적인 연관이 있고 감정을 직접적으로 다스릴 수 있는 방법이기 때문이다.

또한, 어느 정도 감정을 다스릴 수 있을 때는 스스로 미소를 지으려고 노력하라. 우리가 복싱경기나 격투기 경기를 보면 상대방에게 맞으면서 웃는 사람이 있다. 두 가지 중에 하나이다. 정말 상대방의 펀치가 나에게 어떤 효력도 미치지 않을 때 그럴 수 있고, 또 하나는 상대방의 펀치가 강함에도 불구하고 나의 약함을 보이지 않기 위해 위장을 하는 것이다.

상대의 펀치가 강한가? 그렇지 않느냐 보다 중요한 것은 내가 감정을 숨길 수 있느냐 없느냐가 상대방의 감정을 지배할 수가 있는 요소인 것이다.

만약 내가 상대방에게 펀치를 강하게 날렸는데도 상대방이 미소를 보낸다면 어떨까? 오히려 공포를 느끼거나 내 스스로가 감정의 동요를 경험할 것이다.

그렇기 때문에 상황이나 관계에서 현명하게 대처하기 위해서는 감정을 숨기는 것이 매우 효율적이다. 그러기 위해서는 감정에 동요가 있을 때 그것을 최대한 객관적으로 바라볼 수 있는 훈련과 내공이 필요하다. 대부분 흥분을 하는 이유는 그것이 나에게 크게 다가오기 때문이다.

하지만 시간이 지나면 별거 아닌 일이 대부분이다. 즉, 나를 그 상황에 대입하여 주관적이고 상대적으로 생각할 때 감정적이게 되는 것이므로 내 일을 마치 남 일처럼 편안하게 생각하려는 노력을 하라는 것이다. 그래야 당신은 현명하게 상황을 대처할 수 있다.

감정을 드러낼 때도 마찬가지이다. 내가 기분이 좋지 않거나 또는 싫어하는 사람이나 어려운 상대를 마주할 때는 상황과 무관하게 때론 미소를 지어야 할 때가 있다. 그럴 때는 이전에 말한 것과 같이 들숨을 활용해서 상대방에게 포커페이스를 유지하는 것이다.

들숨과 미소를 동시에 활용하면 보다 자연스럽게 나의 진심을 들키지 않을 수가 있다

감정은 내가 원한다고 해서 바로 생기는 것도 아니고 한 번에 없어지는 것도 아니다. 왜냐하면 감정이라는 것은 반응 후에 따라오는 후행적인 결과물이고 주관적이기 때문이다.

따라서 그러한 감정을 효율적으로 조절하고 지배하기 위한 호흡이 중요할 수밖에 없다. 또한 인간의 신체역학과 평형이론을 이해한다면 감정을 지

배하고 활용하는데 많은 도움이 될 수 있다. 그리고 그러한 감정에 대한 이해와 연습을 통해 현명하게 주어진 상황과 인간관계를 대처할 수 있는 방법을 터득하게 되는 것이다.

tip 1. 최대한 자연스런 표정과 행동을 보임
　　　2. 미소와 침묵으로 포커페이스 유지
　　　3. 때로는 둘숨, 때로는 날숨을 활용

감정을 치유하는 방법

우리는 살면서 늘 스트레스에 노출되어 있다.

특히, 한국인으로서 산다는 것은 더한 의미가 있다. 태어날 때부터 죽을 때까지 성과와 경쟁의 굴레에서 벗어날 수 없기 때문에 늘 우리는 스트레스에 시달리고 있다고 해도 과언이 아니다.

한국인의 반도라는 지역적 특성과 강대국 사이에서 늘 눈치를 보는 역사적 특징으로 인해 어떻게 보면 스트레스라는 것이 자연스럽게 몸에 배어 있을지도 모른다. 게다가 '한강의 기적'이라는 빠른 성장과 성과 위주의 각박한 현실은 오히려 경제적 성장과 어울리지 않는 질적으로 피폐한 삶을 만들고 있다.

그런데 유교라는 사상과 고진감래라는 사상 아래 우리는 '인내'를 당연시하고 있다.

몸에 상처가 났을 때 우리는 연고를 바른다. 그리고 새살이 돋아날 때까지 정성껏 치유한다. 그런 것처럼 상처받은 감정 역시 치유를 해야 한다. 하지만 우리는 감정이 상하는 것에 대해 둔감하다. 어찌 보면 어떻게 대처를 하는지를 모르는 것일 수도 있다.

예를 들어, 직장에서 상사가 "넌 왜 일을 그딴 식으로밖에 못해? 머리가 안 돌아가?"라고 말했다고 생각해보자. 그럼 우리는 자신을 보호하기 위해 항상성을 유지하려 한다. 그래서 교감신경이 활성화되어 나쁜 긴장상태가 만들어지는 것이다.

그런데 그러한 스트레스가 반복되면 나쁜 긴장 상태가 지속되기 때문에 몸을 병들게 한다. 그래서 자율신경 실조증이나 우울증이 생기는 것이다.

중요한 것은 그러한 상태가 되기 전에 올바르게 감정을 치유하는 방법을 알아야 하는 것이다. 상처가 났을 때 연고를 바르는 것처럼 감정에 상처가 생겼을 때는 자신의 성향과 환경에 맞게 치유를 해야 한다.

먼저, 스트레스를 잘 받는 유형은 나쁜 긴장 상태를 잘 유발하는 교감신경이 발달해 있는 경우이다. 그런 사람은 날숨과 객관적인 사고를 하는 습관을 하는 것이 좋다. 날숨은 전에도 얘기했듯이 긴장을 이완으로 바꾸는 성질이 있다. 그리고 우리가 어떤 것에 스트레스를 받을 때는 교감신경이 활성화되어 스트레스를 받은 그 부분을 확대해석하는 경향이 있다. 그래서 조금 더 넓게 객관적으로 그 부분에 집착하지 않게 생각하는 것이 중요하다.

또한, 이완 상태를 활성화하는 것이 좋다. 그래서 긴장을 유발하는 빠른 음악이나 격한 운동보다는 산책이나 클래식 등의 느린 박자와 속도의 행동과 취미를 갖는 것이 도움이 된다.

반대로 행동이나 반응이 느린 유형은 부교감신경이 발달되어 있는 사람이다. 그런 유형 역시 지나치게 되면 우울증으로 이어질 수 있기 때문에 좋은 교감신경을 활성화할 수 있는 빠른 음악을 듣거나 격한 운동을 하는 것이 좋다.

우리 몸은 늘 일정한 상태를 유지하려는 성질이 있다. 그래서 적절하게 교감신경과 부교감신경이 기분 좋은 그래프를 만드는 것과 같은 최적의 상태를 만들어야 한다. 하지만 스트레스는 그러한 최적의 상태를 무너뜨리는 주범이다.

그렇기 때문에 스트레스를 받았을 때, 이러한 호흡과 생각으로 나쁜 긴장과 이완을 좋은 긴장과 이완으로 바꾸는 습관을 만들어야 한다. 그래야 삶의 질을 높일 수가 있다.

삶의 목표가 돈, 명예, 성공, 결혼이든 결국엔 행복을 추구하기 위해서이다. 행복한 삶이란 결국 감정적으로 편안한 상태 즉, 기분 좋은 긴장과 이완 상태가 최적의 리듬을 만들 때를 말한다.

그래서 감정을 잘 아는 것이 필요하고 그것을 토대로 감정을 다스리고 치유하는 것이 중요한 것이다. 이 책을 읽는 모든 분들이 행복한 삶, 건강한 삶을 영위하길 진심으로 바라는 마음이다.

1. SNA 온라인강의 특징

- **STEP 1**: PPT를 통해 **교육생의 이해를 돕는** 세심한 강의
- **STEP 2**: 강사위주의 일방적 강의가 아닌 교육생 중심의 1:1 소통 강의
- **STEP 3**: 연기와 스피치의 기초부터 실전에 이르기까지의 체계적 교육과정
- **STEP 4**: 최적화된 온라인 교육환경 (HD시스템, 스마트 폰 지원)

2. SNA 오프라인 교육특징

연기교육	스피치교육	특강교육	기업체강의
입시생, 오디션, 기획사 소속배우 1:1레슨	자신감, 발음교정, 면접, 프레젠테이션 선거, 논술, 스피치 1:1레슨	연기-화술, 제스처, 감정, 면접, 합격비법 스피치-보이스코칭 면접, 프레젠테이션	연기-실전연기 연기심리치료 스피치-실전면접 실전프레젠테이션 소통방법, 설득기술

감정을 잘 다루는 사람이 감정처세와 치유에도 능하다.

직장상사가 나를 불러서 "왜 보고서를 이렇게 썼어?"라고 혼을 낸다.

난 나름대로 최선을 다해서 양식대로 썼는데, 억울함과 서운한 감정이 밀려온다.

얼굴은 빨개지고 호흡이 거칠어진다. 숨기고 싶은데 표정과 안색은 숨길 수가 없다.

인간관계에서는 다양한 말이 오가고 경우에 따라 감정을 숨겨야 할 때도 감정을 표현해야 할 때도 있다. 그럴 때마다 감정표현을 제대로 하지 못한다면 인간관계와 처세에 있어 손해를 볼 수밖에 없으며 스트레스에도 취약해진다.

그렇기 때문에 감정을 조절하는 방법을 제대로 알고 표현하는 것이 인간관계와 소통 그리고 감정치유가 중요한 현대사회일수록 더욱 요구되는 것이다.

SNA연기스피치

대표 : 김규현

주소 : 서울시 강남구 개포동 1196-7

Tel : 070) 8274-3225

홈페이지 : www.esna.co.kr

페이스북 : https://www.facebook.com/sna4225

이메일 : kkhyun1004@hanmail.net

블로그 : http://blog.naver.com/cello4225